W0234124

Will Kymlicka   Multikulturalismus und Demokratie

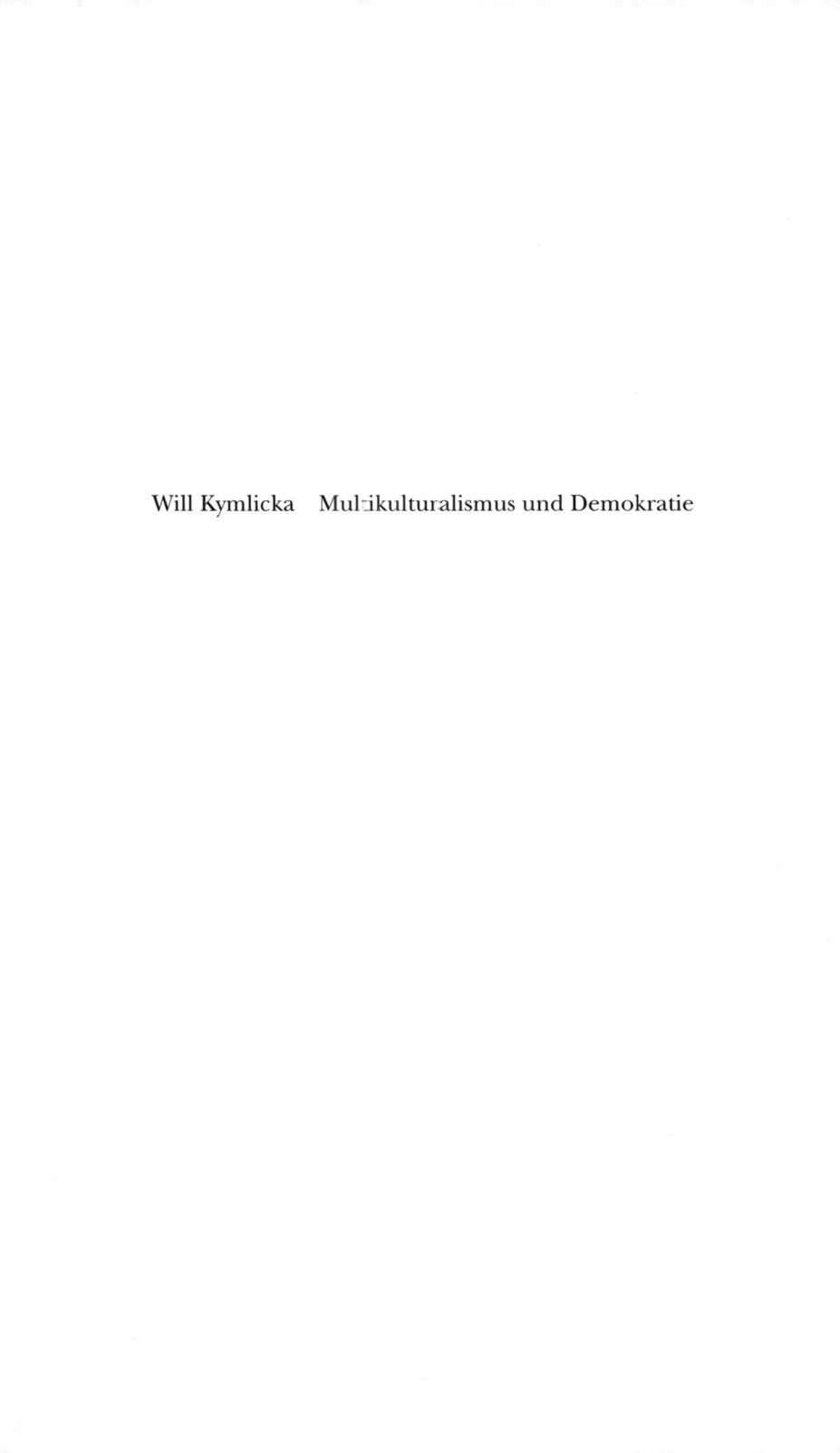

Will Kymlicka

Multikulturalismus und Demokratie

Über Minderheiten in Staaten und Nationen

Aus dem Amerikanischen übersetzt von Karin Wördemann
Mit einem Vorwort von Micha Brumlik

Büchergilde Gutenberg

Inhalt

Micha Brumlik
Selbstachtung und nationale Kultur

Will Kymlickas Entwurf einer politischen Ethik
von Einwanderungsgesellschaften

FÜR DIE MANNIGFACHEN Probleme und vielfältigen Konflikte, die die sich selbst nur allmählich und schleppend aner-
kennende, sozialstaatlich verfaßte Einwanderungsgesellschaft
der Bundesrepublik Deutschland hervortreibt, wird von pro-
gressiver Seite gerne ein Patentrezept angeboten: Deutschland,
so heißt es, müsse endlich zu einer zivilen, einer multikulturellen Gesellschaft werden; die Transformation vom autoritär fi-
xierten Wohlfahrtsstaat zu einer ebenso individualistischen wie
solidarischen Zivilgesellschaft sei unumgänglich![1]
   Dabei fällt nicht nur auf, daß kaum je genau angegeben
wird, worum es sich dabei handeln soll – geht es um das Wahl-
recht welcher Art auch immer für Menschen ohne deutschen
Paß? Geht es darum, im Grundgesetz den Schutz religiöser, eth-

---

1 D. Cohn-Bendit/Th. Schmid, Heimat Babylon, Hamburg 1992;[1]
   G. Frankenberg, Solidarität in einer »Gesellschaft der Individuen«, in:
   ders. (Hg.), Auf der Suche nach der gerechten Gesellschaft, Ffm. 1994

nischer und sprachlicher Minderheiten zu verankern oder darum, in der Schule anderen als nur christlichen Religionsunterricht anzubieten? Oder geht es darum, ein verfassungsmäßiges Antidiskriminierungsgesetz zu verabschieden? Zudem fällt auf, daß die politischen und sozialen Erfahrungen, die andere Gesellschaften, vornehmlich die USA, Kanada oder Australien, mit einer Politik des Multikulturalismus gemacht haben, wenig oder gar nicht berücksichtigt werden.[1] Deren Erfahrungen – etwa mit einer ethnischen oder an der Hautfarbe orientierten Quotierung bzw. gezielter Förderung sind schließlich alles andere als unumstritten oder gar eindeutig.[2]

Inzwischen haben die Protagonisten der »Zivilen Gesellschaft« sich von diesem Begriff verabschiedet. So wird inzwischen das Programm einer »Zivilisierung des Sozialstaats« verbunden mit einem Verständnis der Zivilgesellschaft als »Konfliktgesellschaft« verfochten.[3] Und sogar der jedes politischen Radikalismus unverdächtige Hofsoziologe Tony Blairs, Anthony Giddens, merkt in seiner Programmschrift »Jenseits von Links und Rechts« bezüglich der Wiederbelebung beschädigter Solidaritätsbeziehungen an: »Es ist wichtig, darunter nicht die Idee der Wiederbelebung der Zivilgesellschaft zu verstehen, die sich heute in manchen Kreisen der Linken großer Beliebtheit erfreut.«[4] Wenn also das Konzept der Zivilgesellschaft brüchig wird und die Ideen des Kommunitarismus ob ihrer letztlich sozialstaatsfeindlichen und wertkonservativen, also

---

1 Etwa S. Neckel, Die ethnische Konkurrenz um das Gleiche. Erfahrungen in den USA, in: W. Heitmeyer (Hg.) Was hält die Gesellschaft zusammen?, Ffm. 1997, S. 255–278

2 Vgl. die konservative Polemik von D. de Souza, Illiberal Education – The politics of sex and race on campus, N.Y. 1991

3 G. Frankenberg, Solidarität in einer »Gesellschaft der Individuen«, in: ders. (Hg.) Auf der Suche nach der gerechten Gesellschaft, Ffm. 1994, S. 218

4 A. Giddens, Jenseits von Links und Rechts, Ffm. 1997, S. 33

illiberalen Tendenz den Solidaritätsbedarf einer pluralistischen Gesellschaft nicht decken können, sind dann jenseits neoliberalem laissez faire überhaupt noch politische Konzepte denkbar, die – ohne die Individuen zu bevormunden und ohne die institutionell gewordene Solidarität des Sozialstaats anzugreifen – ein Minimum an Integration ermöglichen? Ein neuerer Vorschlag, in der politischen Philosophie schon seit längerem vorbereitet, ist 1995 in den USA publiziert worden: das Projekt einer sozialstaatlich moderierten Immigrationsgesellschaft auf der Basis universalistischer Grundhaltungen und einer umfassenden nationalen Kultur.[1] Lassen sich mindestens Elemente dieses Modells auch für die Bundesrepublik Deutschland diskutieren? Tatsächlich steht die Bundesrepublik Deutschland kurz davor, zu einer auch politisch verfaßten Einwanderungsgesellschaft in Europa zu werden. Ich möchte daher im Folgenden einige Prinzipien für eine auf Integration und institutionelle Solidarität zielende Einwanderungsgesellschaft aufstellen und ihre Begründung skizzieren. Dabei geht es um die *Prinzipien einer politischen Ethik multikultureller Gesellschaften*. Ihr geht es vornehmlich um Fragen der Gerechtigkeit, um Chancengleichheit und Selbstachtung. Die systematische Begründung dieser Überzeugungen aber hat der kanadische Philosoph Will Kymlicka geliefert, aus dessen um-

---

1 M. Lind, The next american nation, N.Y. 1995; J. J. Judis/M. Lind, Für einen neuen Nationalismus – ein amerikanischer Versuch, in: Blätter für deutsche und internationale Politik, 6/95, S. 677–689; vgl. aber auch die neueren Beiträge von Richard Rorty, The peoples Flag is deepest Red, in: S. Fraser/J. B. Freeman (Ed.) Audacious Democracy – Labour, Intellectuals and the social reconstruction of America, Boston 1997, S. 57–63; Verblüffend gute Laune – Gespräch mit Richard Rorty, in: taz vom 16. 6. 97, S. 15; R. Rorty, Zurück zur Klassenpolitik, in: DIE ZEIT vom 18. 7. 97, S. 40 sowie die neue Debatte um das Spannungsverhältnis von Universalismus und Patriotismus: M. Nussbaum (Ed.) For Love of Country – Debating the limits of Patriotism, Boston 1997

fangreichem Werk[1] der Leserschaft hier eine ebenso tiefgründige wie knappe Studie erstmals auf Deutsch vorliegt. Kymlicka will in seiner Theorie eines liberalen nationalstaatlichen Multikulturalismus folgende Annahmen entfalten:

a. Einwanderungsgesellschaften sind liberale Gesellschaften mit einem systematischen Vorrang individueller Wahlfreiheit und individueller Selbstachtung im Bereich möglicher, wählbarer Lebensformen vor Herkunft und Zugehörigkeit.

b. Eine liberal-individualistische Grundorientierung resultiert im Vorrang *einer* nationalen Kultur vor ethnischen, sprachlichen oder religiösen Teilkulturen. Ausnahmen von diesem Prinzip gelten nur für Menschen, die sich aus kontingenten Gründen nicht auf Dauer in der Einwanderungsgesellschaft aufhalten wollen bzw. gegen ihren Willen in ihren politischen Verband aufgenommen worden sind oder die aufgrund von Verfolgung als Gruppe mit dem Ziel wanderte, ihre Lebensform zu bewahren und weiterzuentwickeln. Dabei knüpft Kymlicka an den Klassiker neuerer normativer politischer Theorie an, an John Rawls' »Theorie der Gerechtigkeit«.

Dieser liberalen Theorie politischer Gerechtigkeit und des politischen Gemeinwesens ging es in zwei Schritten darum, jene Verfassungsgrundsätze, auf denen westliche Gesellschaften beruhen, zu erläutern. In der »Theorie der Gerechtigkeit« begründet Rawls die beiden Prinzipien, daß *erstens* in wohlgeordneten, liberalen Gesellschaften alle das gleiche Recht umfangreichster Grundfreiheiten haben sollen, das mit dem gleichen System für alle anderen verträglich ist, sowie daß *zweitens* soziale und wirtschaftliche Ungleichheiten so zu gestalten sind, daß sie mit Positionen und Ämtern verbunden sind, die allen

---

1 W. Kymlicka, Liberalism, Community and Culture, Oxford 1989; W. Kymlicka, Multicultural Citizenship – A liberal theory of minority rights, Oxford 1995; W. Kymlicka (Ed.) The rights of Minority Cultures, Oxford 1995

dienen, zunächst mit einem spieltheoretischen Argument.[1] Welche Verfassung würden Menschen wählen, wenn sie weder Kenntnis von ihrem Geschlecht, ihrem Alter, ihrer Bildung, ihrem Einkommen und ihren sonstigen Interessen hätten? Aller Wahrscheinlichkeit nach ein Regelsystem, das keine dieser möglichen Eigenschaften systematisch bevor- oder benachteiligt, sondern allen Menschen – ungeachtet dieser kontingenten Umstände – gleiche Freiheiten und den gleichen Wert dieser Freiheiten garantiert.

Wider die von den Kommunitaristen gegen dieses Programm erhobenen Einwände erschlichener Wertsetzungen oder unhistorischer Abstraktion[2] hat Rawls später in »Political Liberalism« darauf hingewiesen, daß die Akzeptabilität, Legitimität und damit Stabilität konkreter politischer Gemeinwesen, die auf derartigen Prinzipien basieren, davon abhängen, daß Bürgerinnen und Bürger derlei Prinzipien auch und gerade dann anerkennen, wenn eine systematische, geschlossene Begründung für sie nicht vorliegt oder möglich ist. Liberale Gesellschaften beruhen demnach auf einem »overlapping consensus«, einem übergreifenden, historisch gewachsenen Konsens, dem unterschiedliche Menschen aus unterschiedlichen Gründen zustimmen können.[3] Die Frage, die mit diesem Konzept auf Einwanderungsgesellschaften zukommt, die sich ja keineswegs bei all ihren Immigranten sicher sein können, daß sie diesen Konsens teilen, hat Rawls selbst nicht beantwortet.

Um diese Frage beantworten zu können, empfiehlt es sich, Rawls' ersten Grundsatz, dem es um Freiheit und deren gleichen Wert geht, im Hinblick auf die Grundgüter von Personen zu präzisieren. Dabei geht es um die Integrität von Personen als

1   J. Rawls, Eine Theorie der Gerechtigkeit, Ffm. 1975, S. 81 f.
2   Vor allem M. Sandel, Liberalism and the limits of justice, Cambridge 1982
3   J. Rawls, Political Liberalism, N.Y. 1993, S. 29 f.

einem der wichtigsten Grundgüter. Die Integrität von Personen aber ist an ihre Selbstachtung[1] geknüpft. Selbstachtung aber hängt von der Garantie körperlicher Unversehrtheit, der psychischen Anerkennung als handlungs- und verantwortungsfähiger Person sowie dem Respekt vor der kulturellen Zugehörigkeit der Person ab. Diese Integrität kann durch körperliche Freiheitsberaubung oder Verwundung, durch Mißachtung als handlungsfähige Person und durch Verachtung als Angehöriger einer Lebensform verletzt werden. Praktisch resultiert aus dieser normativen Einsicht die Forderung nach einer »Politik der Würde« im Rahmen einer nicht nur zivilisierten, sondern auch »anständigen« Gesellschaft, in der es Institutionen aller Art strukturell unmöglich ist, Menschen zu demütigen, d.h. sie in ihrer Selbstachtung zu verletzen. Systematisch hat dabei das Vermeiden der Demütigung Vorrang vor dem Herstellen von Achtung und Respekt durch diese Institutionen.[2]

Angehöriger einer Lebensform zu sein, ist aber nicht nur als ein verletzliches Gut letztlich idiosynkratischer Art zu sehen, sondern – wie nun der kanadische Philosoph Will Kymlicka in Kritik und Erweiterung von Rawls gezeigt hat – auch eine der Bedingungen, unter denen überhaupt von rationalen Akteuren gesprochen werden kann.[3] Nicht erst in »Political liberalism« hatte Rawls darauf bestanden, daß eine politische Konzeption der vernünftigen Person, wie sie seine Theorie der Gerechtigkeit vorsieht, auf seiten der Individuen

---

1 R. S. Dillon (Ed.) Dignity, Character and Self-Respect, London 1995, Rawls 1975, S. 479f.
2 A. Honneth, Kampf um Anerkennung, Ffm. 1992; M. Brumlik, Politische Kultur des Streits im Licht sozialisationstheoretischer Überlegungen, in: ders., Advokatorische Ethik – Zur Legitimation pädagogischer Eingriffe, Bielefeld 1992, S. 289–302; A. Margalit, Politik der Würde, Berlin 1997
3 W. Kymlicka, The Politics of Multiculturalism – A liberal theory of minority rights, Oxford 1995, p. 75f.

nicht nur von einer Fähigkeit zur gerechten Beurteilung sozialer Verhältnisse auszugehen hat, sondern auch – wenn anders nicht das zu lösende Problem einer idealen Übereinkunft möglicher Konfliktparteien sofort entfallen soll – von einer Fähigkeit, Perspektiven des guten Lebens zu entfalten, die prima facie nicht allgemein gültig sind, sondern Personen gerade in ihrer Individualität kennzeichnen und deshalb unaufhebbar partikular sind, sie aber auch in einer demokratischen Gesellschaft zur Perfektionierung ihrer Lebensformen motivieren sollen.[1]

Kymlicka entfaltet diesen Gedanken mit der Annahme, daß jenes, Formen eines guten Lebens ermöglichende semantische Reservoir evaluativer Maßstäbe und Maximen, von Werten, Deutungsmustern und Narrativen nichts ist, das Menschen sich individuell ausdenken können. Dieses Reservoir teilen sie gleichermaßen mit anderen. Überhaupt erst dadurch, daß Menschen in derartige starke Wertungen[2] einsozialisiert werden, gewinnen sie die Chance, diese abzuändern, zu kritisieren und kreativ zu erweitern. Soziologisch gesehen stellen derartige semantische Reservoirs starker Wertungen und Narrative aber nichts anderes dar als das, was man gemeinhin als »Kultur« bezeichnet. In einer Kultur aufgewachsen zu sein, ist sowohl eine notwendige Bedingung dafür, zur Person werden zu können, als auch eines jener Güter, für deren faire Verteilung eine liberale Theorie einzutreten hat.

Der Multikulturalismus scheint nun eine spezifische Antwort insbesondere auf das zuletzt genannte Problem zu geben. Nicht nur, aber vor allem Einwanderungsgesellschaften zeichnen sich durch ein unübersichtliches Mit- und Nebeneinander

---

1 Rawls 1975, S. 433 f., S. 445 f., S. Cavell, Conditions handsome and unhandsome, The constitution of Emersonian Perfectionism, Chicago 1990

2 C. Taylor, The sources of the self, Cambridge 1989

verschiedener sprachlicher, ethnischer und religiöser Lebensformen[1] aus, die keineswegs alle gleichermaßen geschätzt werden. Freilich: auch Gesellschaften, die nicht wesentlich durch Einwanderung gekennzeichnet sind, können sich in entsprechenden Lagen befinden: Man denke nur an das ehemalige Jugoslawien, das heutige Belgien oder Nordirland. Dennoch empfiehlt es sich aus methodischen Gründen, mit der Analyse beim deutlichsten Fall zu beginnen, und das sind zweifelsohne die angelsächsischen Einwanderungsgesellschaften Nordamerikas und Ozeaniens/Australiens.[2] In den dort gegründeten Staaten konkurrieren mindestens vier, eher fünf Gruppen von Menschen um die öffentliche Anerkennung und Förderung der Kultur, der sie entstammen. Dabei herrscht eine erhebliche Spannbreite bei dem, was als Anerkennung jeweils eingefordert wird: Sie reicht von sprachlicher Gleichberechtigung im öffentlichen Dienst und Bildungswesen bis hin zu gezielter Förderung der Angehörigen minoritärer Gruppen[3], ja sogar bis zur Forderung nach staatlicher Sezession. Zu unterscheiden sind:

a. die mehrheitliche, in der Regel auch die herrschende Verkehrssprache sprechende Staatsbevölkerung;

b. die über je eigene kulturelle, sprachliche und religiöse Traditionen verfügenden Mitglieder unterschiedlicher Einwanderergruppen, die inzwischen die Staatsbürgerschaft des Aufnahmelandes angenommen haben oder dabei sind, sie anzunehmen;

---

1 M. Brumlik, Bunte Republik Deutschland, in: Blätter für Deutsche und Internationale Politik 1/1990, S. 101–107
2 B. Ostendorf (Hg.) Multikulturelle Gesellschaft – Modell Amerika, München 1994; Friedrich Ebert Stiftung (Hg.) Einwanderungspolitik Kanadas und der USA, Bonn 1994
3 Kymlicka 1995a. S. 107f. sowie der Diskussionsband W. Kymlicka (Ed.) The rights of minority cultures, Oxford 1995b

c. die meist minderheitlichen, eigene Sprachen, ein traditionelles Territorium mehr oder minder geschlossen besiedelnden und oft eigenen Glaubensweisen anhängenden Angehörigen der vorstaatlichen Urbevölkerung;

d. politische Flüchtlinge, die sich im Aufnahmeland aufhalten, ohne dort in jedem Fall bleiben zu wollen, und die in manchen, nicht allen Fällen über starke, kollektive Traditionen verfügen;

e. Angehörige unterschiedlicher staatlicher Verbände mit eigener Kultur, die sich erklärtermaßen auf Zeit im Aufnahmeland aufhalten und weder Flüchtlinge sind noch einwandern wollen.

Haben die Angehörigen all dieser Gruppen in der Einwanderungsgesellschaft den gleichen legitimen Anspruch auf die öffentliche Repräsentation ihrer Herkunftskultur gemäß einem liberalen Prinzip der gleichen Chance auf Selbstachtung[1] für jedes Individuum?

Selbstachtung und Immigration
Das hängt davon ab, wie man den Begriff der Einwanderungsgesellschaft konzeptualisiert und ob man der Überzeugung ist, daß – solange es überhaupt Staaten gibt – diese Staaten ihre eigenen Bürgerinnen und Bürger vor Nichtbürgern in ausgewählten Teilbereichen legitimerweise privilegieren dürfen.[2] Auch und gerade auf einer universalistischen Verfassung beruhende, rechts- und sozialstaatlich strukturierte parlamentarische Demokratien grenzen sich, indem sie möglichst legitimes Recht prozedural im Rahmen international anerkannter zwischenstaatlicher Grenzen setzen, von anderen Staaten ab und unterscheiden mithin zwischen Rechten und Pflichten von

---

1 Zum Begriff der Selbstachtung: R. S. Dillon (Ed.) Dignity, Character and Self-Respect, New York 1995
2 M. Walzer, Sphären der Gerechtigkeit, Ffm. 1998, S. 65 f.

Bürgern und Nichtbürgern. Auch und gerade dann, wenn sich derartige Staaten tatsächlich auf die Menschenrechte und ihre Einhaltung verpflichtet haben, beglaubigen sie diese Differenz: Tatsächlich lassen sich Menschenrechte nämlich weniger durch moralische Ansprüche, sondern vor allem im Rahmen (demokratisch) gesatzten Rechts und einer entsprechend von legitimer Macht garantierten Rechtssicherheit verwirklichen.[1] Menschenrechte zählen nämlich, was meist vergessen wird, faktisch und systematisch weniger als Bürgerrechte, oder genauer: Bürgerrechte implizieren die Menschenrechte, nicht aber Menschenrechte die Bürgerrechte. Auch der einklagbare Anspruch eines staatenlosen Flüchtlings auf faire Behandlung verdankt sich noch dem demokratisch gesatzten Recht, das sich die Staatsbürger vorher gegeben haben.

Wie werden Einwanderer zu Staatsbürgern, was schuldet die Einwanderungsgesellschaft den Immigranten, was die Immigranten der Einwanderungsgesellschaft? Zunächst ist davon auszugehen, daß die normale Immigration – sei sie auch durch diesen oder jenen ökonomischen Engpaß veranlaßt – ein im Prinzip freiwilliger Akt ist, dessen Vollzug oder Nichtvollzug in vollem Umfang den je einzelnen Immigranten zuzurechnen ist. Zudem gilt, daß – abgesehen von moralischen Pflichten gegenüber verfolgten und bedrängten Minderheiten – für staatliche Gemeinschaften keine moralische oder rechtliche Pflicht zu bestehen scheint, Immigranten aufzunehmen. Theoretisch kann man davon ausgehen, daß im Prinzip alle Menschen ein grundsätzliches Recht haben, sich unter Berücksichtigung der negativen Freiheiten Dritter dort niederzulassen, wo sie wollen, sofern sie die Belange anderer dabei nicht wesentlich beeinträchtigen. Eine derartige weltbürgerliche Position erfordert

---

1 H. Arendt, Ursprünge und Elemente totaler Herrschaft, München 1973, S. 422 f.; J. Rawls, The law of peoples, in: S. Shute/S. Hurley (Eds.) On human rights, Chicago 1993, S. 41–82

indes einen systematischen Begründungsaufwand[1], der zwar konsistent erbracht werden kann, aber den erheblichen Nachteil hat, nur wenig Anschlußpunkte in der real existierenden Staatenwelt – auch und sogar im Zeitalter des sich wandelnden bis auflösenden Nationalstaats – zu finden. Darüber hinaus würde bei dieser Option das hier unterstellte Problem des Multikulturalismus im demokratischen Rechtsstaat verschwinden und anstatt dessen die Frage zu beantworten sein, wie eine weitgehend entstaatlichte Regelung kultureller Konflikte gesellschaftlich-gewaltfrei möglich ist.

Wie ist bei unterstellter freiwilliger Immigration das Verhältnis von Immigranten und Aufnahmegesellschaft unter besonderer Berücksichtigung ihrer (Selbst)Achtung erheischenden kontingenten, kulturellen Herkunftsidentität zu beurteilen?

Dafür, was eine Gemeinschaft von Staatsbürgern ihrem Wesen nach ist, hat die neuere politische Philosophie im wesentlichen zwei Modelle hervorgebracht: das besitzindividualistisch liberale Modell in der Tradition von Hobbes und Locke und das demokratisch-republikanische Modell in der Linie Rousseau – Kant.[2]

Während die Bürger im ersten Fall einen Vertrag zur Abwendung äußerer und auch gegenseitig verübter Übel bzw. zur Steigerung ihres wechselseitigen Nutzens bei möglichst umfänglicher Wahrung ihrer vorpolitischen Freiheiten schließen, geht das zweite Modell davon aus, daß es derlei vorpolitische Freiheiten überhaupt nicht geben kann. Freiheit – auch und gerade der Individuen – kann überhaupt erst im Falle einer

---

1 M. Brumlik, Einwanderung und Weltbürgerschaft, in: U. K. Preuss (Hg.) Staatsbürgerschaft und Zuwanderung, Bremen 1993, S. 5–21; I. Maus, Zur Aufklärung der Demokratie – Rechts- und demokratietheoretische Überlegungen im Anschluß an Kant, Ffm. 1992
2 M. Brumlik, Die Unverzichtbarkeit der liberalen Demokratie, in: K. Starzacher/K. Schacht (Hg.) Gefährdungen der Demokratie, Wiesbaden 1995, S. 75–89

rückhaltlosen Übereignung an ein gemeinschaftlich, von allen Betroffenen beratenes und beschlossenes System von Gesetzen entstehen.

Im ersten Fall bringen die Individuen ihre natürlichen Freiheiten in ein auf Klugheitsregeln basierendes Vertragswerk ein, während sie im zweiten Fall erst in der demokratischen Republik zu freien Staatsbürgern werden.[1] Während es im ersten Fall darum geht, vorausgesetzte Freiheiten zu sichern, geht es im zweiten Fall darum, Freiheit überhaupt erst zu schaffen.

Dementsprechend fordert das liberal-individualistische Modell von den Menschen lediglich äußerlichen Gesetzesgehorsam und Steuertreue, während das republikanische Modell ein darüber hinausgehendes Engagement für das Gemeinwesen und eine Identifikation mit seinen Zielen fordert. Als Erwachsener in ein solches Staatswesen einzuwandern – ein Umstand, der gänzlich anders gelagert ist, denn als Kind in eine entsprechende Gesellschaft hineingeboren zu werden –, bedeutet gemäß der beiden unterschiedlichen Modelle verschiedenes:

Im ersten Fall, der von den Immigranten lediglich äußeren Gesetzesgehorsam und Steuertreue fordert, ist eine Identifikation mit der je vorfindlichen Mehrheitskultur vielleicht wünschbar, aber nicht notwendig. Pflege und Aufrechterhaltung der mitgebrachten Kultur, einschließlich des Versuchs, sie im Ankunftsland auch öffentlich durchzusetzen, sind legitim.

Im zweiten Fall wird den Immigranten eine weitgehende Identifikation mit den Normen und Werten des Ankunftslandes ebenso abverlangt wie eine weitgehende Aufgabe ihrer kulturellen Herkunft. Da wir in der Theorie Immigranten als rationale Personen konzipieren, wissen sie in jedem Fall, was sie tun, wenn sie immigrieren. Nun spricht einiges dafür – nicht zuletzt die meist ökonomisch privatistischen Motive sowohl von

---

1 a.a.O.

Aufnahmegesellschaften als auch von Immigranten[1], Immigration im Licht des ersten Modells zu konzipieren. Demnach haben Immigranten prinzipiell das Recht, ihre eigene Kultur zu leben, und auch darauf, ihre Werte und Normen im Rahmen aller legalen Mittel öffentlich durchzusetzen. Insoweit sind multikulturelle Gesellschaften unproblematisch.

Ein Problem entsteht erst dann, wenn größere Gruppen von Immigranten oder Eingeborenen die öffentliche Förderung ihrer mitgebrachten Partialkulturen durch die Mehrheitsgesellschaft und deren politische Instanzen fordern. In diesem Fall werden systemwidrig die Bedingungen, unter denen der liberale Multikulturalismus erster Stufe ermöglicht wurde, durchbrochen. Liberale Gesellschaften sehen in Immigranten – wahrscheinlich realistisch – vor allem ökonomisch interessierte Privatpersonen, während das Einklagen der öffentlichen Förderung ihrer Kultur – im Sinne von Kymlickas Einsicht, daß erst die Teilhabe an einer Kultur Menschen zu politischen Personen macht – diese anfängliche Unterstellung nachträglich aufkündigt und unterstellt, daß sie nicht als die privat interessierten Arbeitskräfte oder Freiberufler und Experten, die sie sein sollten, immigriert sind, sondern, daß die Bereitschaft zu ihrer Aufnahme gerade in spezifischen kulturellen Eigenheiten liegt.

Daß auch im erweiterten liberalen Modell eine derartige Forderung keinen Raum hat, läßt sich leicht zeigen: Anerkannt wird ja durchaus, daß einzig die Teilhabe an *einer* Kultur die Menschen zu politischen Personen werden läßt – freilich ist damit noch lange nicht gesagt, um *welche* Kultur es sich dabei handeln soll. Sofern Immigranten – etwa über Sprachkurse, ein gut ausgebildetes Bildungssystem für ihre Kinder sowie eine weit-

---

1 J. L. Simon, The economic consequences of immigration, Cambridge 1989; J. L. Simon, Population matters, people, resources, environment and immigration, New Brunswick 1990

gehend diskriminierungsfreie, ihre Selbstachtung ob ihrer Herkunft nicht beeinträchtigende Integration – soziale und politische Akzeptanz finden, ist all ihren legitimen Forderungen Genüge getan. Nach dieser Theorie genügt es, daß die Bildungsinstitutionen des Einwanderungslandes die Herkunftskulturen der Immigranten nicht verächtlich machen, um die Bedingungen einer »Politik der Würde« zu erfüllen.[1] Das Medium dieser Integration bezeichne ich als die »nationale Kultur« der Einwanderungsgesellschaft, einen von Kymlickas Begriffen, die noch zu erläutern sind.

Zuvor aber seien noch zwei weitere Gruppen in multikulturellen Gesellschaften näher betrachtet, Gruppen, die anders als die Immigranten nach Kymlicka ein legitimes Recht auf die Förderung und Bewahrung ihrer traditionellen Kultur haben. In aller Regel sind »Ureinwohner«, aber auch unfreiwillige Arbeitskräfte wie die schwarzen Sklaven in Amerika gegen ihren Willen und oft genug gegen ihren heftigen Widerstand in neue, staatliche Gesellschaften inkorporiert worden, die nicht nur die kollektiven Bedingungen ihrer Selbstachtung zerstört, sondern ihnen damit zugleich die Möglichkeit genommen haben, zu politischen Personen zu werden. Da sowohl das liberale als auch das republikanische Modell von der Freiwilligkeit des staatlichen Zusammenschlusses ausgehen[2], dies bei den überrollten oder hineingezwungenen Gemeinwesen von Ureinwohnern aber offensichtlich nicht gegeben war, ist es Angehörigen dieser Gruppen einzuräumen, Selbstachtung und die Möglichkeit politischer Selbstbestimmung über die öffentliche Förderung ihrer Partialkultur aufrechtzuerhalten.

Ähnlich, aber nicht identisch gelagert sind die Verhältnisse von Gruppen politischer und humanitärer Flüchtlinge, bei de-

---

1 cf. Margalit a.a.O.
2 W. Kersting, Die politische Philosophie des Gesellschaftsvertrags, Darmstadt 1994

nen von vorneherein nicht anzunehmen ist, daß sie freiwillig und aus privaten Motiven ihre Heimat verlassen haben, sondern von denen zu unterstellen ist, daß sie kollektiver Eigenschaften wegen in der Heimat vor die Wahl gestellt wurden, das Land zu verlassen oder Entrechtungen bis zum Tod in Kauf nehmen zu müssen. Von solchen Menschen ist – es sei denn, sie wünschen von Anfang an, sich kollektiv anderenorts niederzulassen – im Prinzip zu erwarten, daß sie im Fall geänderter Verhältnisse in ihre Heimat zurückkehren werden. Es ist gerade die Unfreiwilligkeit ihres Aufenthalts sowie die unpersönliche, gruppenbezogene, dem Wesen nach kollektive Motivation ihrer Emigration, ihre Verfolgung, die sie – sofern der aufnehmende Staat sich den Menschenrechten verpflichtet sieht – dazu berechtigt, ihre Herkunftskultur im Hinblick auf ihre künftige Rückkehr oder auch ihrem künftigen Verbleib öffentlich gefördert zu sehen.

Es zeigt sich, daß die Verwischung der Differenz von Flüchtlingen und Immigranten bei der in Deutschland geführten Debatte um den Multikulturalismus eine zentrale Rolle spielt. Im Rahmen des liberalen Modells jedenfalls kann eine öffentliche Förderung der Kultur von Immigranten nur dann gefordert werden, wenn Immigranten als Ureinwohner oder Flüchtlinge angesehen werden. Diese Unschärfe hat in der Bundesrepublik Deutschland sowohl bei jenen, die sich der Belange »Fremder« annehmen, als auch bei denen, die sie mit aller Kraft abwehren, ihren terminologischen Ausdruck gefunden: Wir haben uns daran gewöhnt, pauschal von »Migranten« zu sprechen. Das massive reale Problem, das hinter dieser terminologischen Unschärfe steht und das auch gegen den hier unterbreiteten Vorschlag sprechen könnte, besteht natürlich darin, daß es keineswegs einleuchtet, eine durch massive Armut verursachte Wanderungsbereitschaft als rationalen Beschluß zur individuellen Wohlstandsmehrung zu deuten. Der ebenfalls in Umlauf gebrachte Begriff der »Armutsflüchtlinge« trägt dem Rechnung und stellt das hier vorgetragene Modell in Frage.

Wenn also das liberale Modell die öffentliche Förderung der Immigrantenkultur ausschließt, so hat es gleichwohl die Bedingungen dafür bereitzustellen, daß die Kultur des Aufnahmelandes sowohl die Bedingungen politischer Personwerdung als auch einen Schutz vor Verlust der Selbstachtung garantiert, und das heißt, alle Menschen in die Lage versetzt, Gerechtigkeitskriterien und Vorstellungen vom guten Leben zu entwickeln. Nationale Kulturen, d.h. die öffentlich in Kindergärten, Schulen, Erwachsenenbildungseinrichtungen und Universitäten geförderten, in aller Regel in *einer* hegemonialen Sprache enthaltenen semantischen Potentiale entsprechen dieser Maßgabe genau. Tatsächlich enthält diese Kultur nicht nur unterschiedliche Bezüge auf verschiedene Religionen, sondern in Kunst und Literatur, in Geschichte und gegenwärtigem Alltag eine Fülle ganz unterschiedlicher Weltdeutungen, die, gerade weil sie so vielfältig und inkommensurabel sind, Personwerdung und Selbstachtung optimal begünstigen.

Was eine nationale Kultur auszeichnet, ist gerade nicht, daß sie eine bestimmte Lebensform oder bestimmte politische Wertsetzungen begünstigt, sondern daß sie in der Vielfalt ihrer widersprüchlichen Stimmen Werte, Deutungen und Lebenswege weist, die die Individuen in einer eigenen, ganz unverwechselbaren Weise aufnehmen und dabei gleichwohl den legitimen Zusammenhalt eines Staates stärken können.[1] Im übrigen ist es ein häufig anzutreffendes Mißverständnis, Kymlikkas Begriff der »nationalen« Kultur mit einer ethnisch geschlos-

---

1 W. Kymlicka 1995a, S. 101 f., 181 f.; Y. Tamir, Liberal Nationalism, Princeton 1993, S. 78 f.; D. Miller, On Nationalism, Oxford 1995 sowie: A. Gutmann, Das Problem des Multikulturalismus in der politischen Ethik, in: Deutsche Zeitschrift für Philosophie, 2/1995, S. 273–306; J. Raz, Multikulturalismus: eine liberale Perspektive, in: a.a.O. S. 307–328; M. Frank, Transformation oder Verteidigung – Zu W. Kymlickas politischer Philosophie, in: Deutsche Zeitschrift für Philosophie, 3/1995, S. 549–564

senen Kultur gleich- und dem den Entwurf einer »globalen«
Kultur entgegenzusetzen[1]. Daß die Übernahme kultureller
Deutungsmuster gleichwohl wesentlich von sozioökonomi-
schen Randbedingungen abhängig ist, steht dabei als soziologi-
sche Einsicht überhaupt nicht in Frage[2]. Im Gegenteil: Sozial-
staat als institutionalisierte Form von Solidarität und nationale
Kultur stützen einander.

Die »nationale« Kultur jedoch, von der hier die Rede ist,
stellt die Kultur einer am französischen und US-amerikanischen Vorbild gewonnenen Idee der Nation als einer freiwillig
zusammengeschlossenen Zukunftsgemeinschaft ins Zentrum.
Das deutsche und slawische, kurz das romantische Verständnis
der Nation betont jedoch nicht die gemeinsamen, freiwillig
eingegangenen Verpflichtungen der Individuen, sondern ihre
gemeinsame, unabänderliche Herkurft, an die sie gebannt
und der sie verpflichtet bleiben

Im romantischen Modell ist Kultur in erster Linie nicht
Medium, sondern verpflichtendes Erbe, nicht Chance, sondern Aufgabe, nicht veränderlich, sondern starr. Der hier vor-
geschlagene Begriff der »nationalen Kultur« impliziert dage-
gen nicht mehr als die Anerkennung des Umstandes, daß es
bisher noch immer die in aller Regel durch eine hegemoniale
Verkehrssprache geprägten politischen Instanzen des Natio-
nalstaates sind, die für die Aufrechterhaltung und Weiterent-
wicklung der Kultur jedenfalls im bildenden Bereich zuständig
sind.

Trotzdem ist hier ein möglicher Einwand zu erwägen. Ist es
nicht ein Ausdruck von Provinzialität, oder schlimmer noch:

---

1   J. Waldron, Minority Cultures and the cosmopolitan alternative, in:
    W. Kymlicka (Ed.) The rights of minority cultures, Oxford 1995,
    S. 93–122, aber auch – mit starker Betonung individueller Rechte –
    C. Kukathas, Are there any cultural rights, in: a.a.O. S. 228–256
2   P. Bourdieu, Die feinen Unterschiede, Ffm. 1985

bornierter Geisteshaltung, ausgerechnet in einer Zeit, in der die europäische Integration fortschreitet und die Nationalstaaten substantielle Souveränitätsrechte schon aufgegeben haben, Europa und seine Staaten sich also substantiell internationalisieren, von »nationaler« Kultur zu sprechen und sie gar zu fordern? Dieser Geschmacksfrage läßt sich noch ein gewichtiges soziologisches Argument anfügen. Gesellschaft, das sehen jedenfalls die theoretisch ambitioniertesten Gesellschaftstheorien heute so, läßt sich nur noch als funktional differenzierte Weltgesellschaft verstehen. Die Kultur überschreitet zumal dort, wo sie sich in einer Sprache artikuliert, alle nationalen Grenzen. Übersetzungen, Währungstausch, Tourismus, veränderte Speisegewohnheiten, Mehrsprachigkeit und das den ganzen Globus überziehende Netz alter und neuer Medien halten sich nicht an Staats- oder Regionalgrenzen. Ist damit nicht gerade die glücklicherweise staatlich nicht gebundene Kultur authentischster Ausdruck einer sich anbahnenden internationalistischen und weltbürgerlichen Gesellschaft, die die engen Grenzen der Nation längst überschritten hat?[1]

Das ist in der Tat so. Aber: Bei der hier vorgestellten Ethik multikultureller Gesellschaften geht es um eine politische Ethik, und das heißt in letzter Instanz eine nicht nur, aber auch vom demokratischen Rechtsstaat umzusetzende Ethik, die rechtsförmig dessen Handeln bindet. Unter dieser Bedingung ist – gerade aus soziologischer Sicht – der Begriff der »nationalen« Kultur unabdingbar: »Regional differenzierbar«, heißt es in Niklas Luhmanns »Gesellschaft der Gesellschaft«, »in der Form von Staaten ist nur das politische System und mit ihm das Rechtssystem der modernen Gesellschaft. Alle anderen operieren unabhängig von Raumgrenzen. Gerade die Eindeutigkeit

---

1 Vgl. auch die Überlegungen zu einer sich entwickelnden globalen Kultur im Rahmen weltweiter Migration: S. Castles/M. J. Miller, The Age of Migration, Basingstoke 1993, S. 273

räumlicher Grenzen macht klar, daß sie weder von Wahrheiten noch von Krankheiten, weder von Bildung noch vom Fernsehen, weder vom Geld noch von der Liebe respektiert werden. (…) Die Bedeutung der Raumgrenzen liegt in den Interdependenzen zwischen dem politischen System und dem Rechtssystem auf der einen und den übrigen Funktionssystemen auf der anderen Seite.«[1]

Eine politische Ethik multikultureller Einwanderungsgesellschaften wird sich daher auf den Staat und damit auf ein Rechtssystem, das meist mit Raum- und Sprachgrenzen koextensiv ist, beziehen. Überall dort, wo den Ansprüchen individueller und kollektiver Selbstachtung, der Nichtdiskriminierung und der aktiven Toleranz im Medium symbolischer Formen, der Kultur, öffentlich und verbindlich Rechnung getragen werden soll, ist die rechtliche und damit staatliche, also die nationalstaatliche Ebene nicht zu umgehen. Damit ist aber auch das von vielen Partisaninnen einer Berücksichtigung verschiedenster Minderheiten favorisierte Modell einer »deliberativen« Demokratie an den nationalstaatlichen Rahmen gebunden.[2] Der Hinweis auf Europa verschlägt hier nicht viel: Sogar wenn Bildung und Kultur subsidiär und föderal von einem europäischen Bundesstaat rechtlich geregelt würden, ginge es eben um die nationalstaatliche europäische Kultur. Aus diesem und nur aus diesem Grund ist hier von »nationaler« Kultur die Rede.

Dabei kommt nun der multikulturalistischen Intuition in der Tat eine wesentliche Rolle zu. Anders aber als im Selbstver-

---

1 N. Luhmann, Die Gesellschaft der Gesellschaft, Ffm. 1997, Bd. 1, S. 166/67
2 S. Benhabib, Toward a deliberative Model of Democratic Legitimacy, in: S. Benhabib (Ed.) Democracy and Difference – Contesting the Boundaries of the political, Princeton 1996, S. 67–94; J. Cohen, Procedure and Substance in Deliberative Democracy, in: a.a.O. S. 95–119; I. M. Young, Communication and the Other-Beyond Deliberative Democracy, in: a.a.O. S. 120–136

ständnis vieler Multikulturalisten kann es bei dem hier vertretenen Multikulturalismus nur um die Aufnahme bedeutsamer Teile der Kultur der Immigranten in die eine, in sich vielfältig gebrochene, spannungsreiche und widersprüchliche nationale Kultur gehen, nicht aber um das Etablieren schiedlich-friedlich nebeneinander existierender ethnischer Kulturen. Diesem Gedanken hat niemand anders emphatischeren Ausdruck verliehen als der Dichter der US-amerikanischen Demokratie, Walt Whitman, der in seinem 1855 erschienenen Gedichtband »Grashalme« im achtzehnten Gesang von »Von Paumanok kommend« dichtete:

»Sieh, Dampfer dampfen durch meine Gesänge.
Sieh, ständig langen Einwanderer an in meinen Liedern und
    landen;
Sieh, im Hintergrund den Wigwam, die Wildspur, des Jägers
    Hütte, das Flachboot, den Maishalm, den Eigentums-
    anspruch, den rohen Zaun und das Dorf im Hinterwald,
Sieh auf der einen Seite das westliche Meer, auf der anderen
    das östliche; sie fluten und ebben wie über ihre Gestade, so
    über meine Gedichte,
(…)
Sieh, wie durch die Tiefen des Atlantiks Amerikas Pulsschläge
    Europa erreichen und Europas Pulsschläge prompte
    Antwort geben«[1]

---

1   W. Whitman, Grashalme, Stuttgart 1968, S. 30/31

Liberaler Nationalismus

Einleitung

ICH MÖCHTE HIER eine Reihe zusammenhängender Fragen behandeln, die den Status ethnokultureller Gruppen in liberalen Demokratien betreffen. Ich versuche, diese Fragen auf einem allgemeinen Niveau zu diskutieren, so daß sie auf alle liberalen Demokratien, ob nun in Europa, in Nord- oder Südamerika, Australien oder Asien, übertragbar sind. Allerdings ist meine Herangehensweise stark von der Situation in meinem Heimatland Kanada beeinflußt. Lassen Sie mich zur Einleitung zwei Probleme Kanadas, die mich zu dieser Arbeit motivieren, erörtern.

Erstens gibt es die überaus ernstzunehmende Möglichkeit einer Abspaltung Quebecs von Kanada. Am 30. Oktober 1995 stimmten die Québécois in einem Referendum über eine Herauslösung aus Kanada ab. In den Wochen vor der zugespitzten Kampagne deuteten die öffentlichen Meinungsumfragen darauf hin, daß die Separatisten das Referendum für sich entscheiden würden. Am Ende lehnten die Québécois die Souveränität mit einer hauchdünnen Mehrheit ab (50,5 % zu 49,5 %). Unter anderem deswegen, weil der Premierminister in letzter Minute versprochen hatte, eine Verfassungsreform durchzuführen, die den Forderungen Quebecs entgegenkommen würde. Dieses

Versprechen war ausschlaggebend gewesen, denn obwohl die Québécois über die Vorzüge der Abspaltung zutiefst zerstritten sind, herrscht Einigkeit in dem Punkt, daß der Status quo unannehmbar ist. Die Frage ist einzig und allein, ob das föderale System so weitgehend reformierbar ist, daß dem Wunsch nach größerer Anerkennung der Besonderheit Quebecs und nach mehr Autonomie entsprochen werden kann. Leider ist es eher unwahrscheinlich, daß die Bundesregierung dieses Versprechen einer Verfassungsreform erfüllen kann. Wir haben in jüngster Zeit bereits zwei gescheiterte Versuche einer Verfassungsreform erlebt – den Meech Lake Accord im Jahr 1987 und 1992 den Charlottetown Accord. Beide scheiterten daran, außerhalb Quebecs die notwendige Zustimmung zu erlangen. Tatsache ist, daß die meisten englischsprachigen Kanadier den Gedanken, Quebec mehr Anerkennung oder Befugnisse zuzugestehen, ablehnen. Sie sehen das als Form eines *Sonderstatus* an, der ungerecht ist und zudem illegitime Formen eines Ethnonationalismus belohnt.

Es gibt keinen Grund zu der Annahme, daß sich die ablehnende Haltung gegenüber den Forderungen der Nationalisten Quebecs im englischsprachigen Kanada ändern wird. Im Gegenteil hat sich die Opposition während des letzten Jahrzehnts noch verstärkt. Und sobald sich herausstellt, daß die Verfassungsreform außerhalb Quebecs keine Akzeptanz findet, wird die Forderung nach der Abspaltung Quebecs erneut gestellt werden. Die jüngste Abstimmung hat das Problem also nur vertagt. Jeder rechnet mit einem weiteren Referendum in den nächsten Jahren. Neuere Umfragen lassen erkennen, daß eine Mehrheit der Québécois und ein Drittel der Kanadier außerhalb Quebecs der Meinung ist, das Land werde innerhalb des nächsten Jahrzehnts auseinanderbrechen.[1]

---

1   siehe Anmerkungen ab Seite 149

Ich glaube, der Grund dafür, daß der Status Quebécs innerhalb Kanadas so schwer zu lösen ist, ist zum Teil darin zu sehen, daß uns die Begriffe und Theorien fehlen, um diese Fragen auf vernünftige Weise diskutieren zu können. Die bekannten Begriffe der liberalen Demokratietheorie – individuelle bürgerliche und politische Rechte, ökonomische Chancengleichheit – sind hier nicht relevant. Die individuellen Rechte der Québécois sind verfassungsmäßig geschützt. Darüber hinaus müssen sie auch keinerlei rechtliche Diskriminierung oder wirtschaftliche Ungleichheit innerhalb Kanadas mehr hinnehmen. Neuere Untersuchungen haben ergeben, daß hinsichtlich der Einkommen oder der Vermögen kein statistisch signifikanter Unterschied zwischen den französischsprachigen Einwohnern Quebecs und den englischsprachigen Einwohnern im übrigen Kanada besteht.[2]

Der Nationalismus der Québécois scheint deshalb fast vollständig von dem Wunsch nach Anerkennung und dem Ausdruck ihrer nationalen Identität getragen zu sein. Die Nationalisten Quebecs bestehen darauf, daß sie innerhalb Kanadas eine eigenständige Gemeinschaft bilden, und wollen sowohl größere Anerkennung ihrer Identität als auch mehr Freiraum, um die eigene Kultur ausdrücken zu können. Mit diesem Phänomen steht Kanada nicht allein da. In anderen liberalen Demokratien wie Belgien oder Spanien, wo ethnokulturelle Minderheiten starke nationalistische Bewegungen entwickelt haben, obwohl ihre individuellen Rechte und wirtschaftlichen Interessen geschützt sind, finden wir vergleichbare Situationen.

Leider fehlt uns das Vokabular, um uns eine solche Situation für Kanada verständlich zu machen. Wir haben natürlich eine Vorstellung vom Nationalismus. Diese ist jedoch weitgehend von den Erfahrungen Europas während der beiden Weltkriege geformt worden – ein Bild des Nationalismus als kulturell fremdenfeindlich, ethnisch ausschließlich, antidemokratisch, expansionistisch und mit einem Hang zur Gewalt. Die jüngsten

Entwicklungen auf dem Balkan haben diese Vorstellung vom Nationalismus als zutiefst illiberales Phänomen noch einmal bestärkt. Insoweit die englischsprachigen Kanadier den Nationalismus Quebecs in diesem Licht sehen, bestärkt es sie darin, den Nationalisten nicht nachzugeben.

Aber die Nationalismen von Minderheiten in liberalen Demokratien – ob nun in Quebec, Katalonien, Flandern, Schottland oder Puerto Rico – lassen sich mit diesen Begriffen nicht sinnvoll erfassen. Es handelt sich meiner Meinung nach um eine andersartige Form des Nationalismus, und wir brauchen dringend eine klärende Darstellung dieser Spielart des Nationalismus, der in liberalen Demokratien entsteht.

Einige Verteidiger erweiterter Befugnisse für Quebec sprechen nicht mehr von *Nation* und *Nationalismus*, sondern von *Gemeinschaft, Kultur* und *Identität*, wobei auch die Absicht mitschwingt, die negativen Konnotationen des Nationalismus zu vermeiden.[3] Aber diese Redeweise macht ebenso viel unverständlich, wie sie uns erklärt. Wir sprechen oft von einer Kultur der Arbeiterklasse, einer schwulen Identität oder einer Gemeinschaft von Umweltschützern. Von Stadtvierteln, Städten, Regionen läßt sich sagen, daß sie Gemeinden oder Gemeinschaften mit einer typischen eigenen Kultur und Identität bilden, ebenso wie Firmen, Kirchen, soziale Bewegungen, politische Parteien und Anhänger eines Lebensstils. Doch längst nicht alle dieser Gruppen haben politische Bestrebungen, und diejenigen, die welche haben, verfolgen ganz unterschiedliche Ziele – einige fordern materielle Vergünstigungen, andere suchen die gesellschaftliche Integration, noch andere streben ideologische Reformen an. Ganz wenige haben sich Verfassungsänderungen zum Ziel gesetzt, und keine einzige will die Herauslösung aus dem Staatsgebilde.

Der Nationalismus Quebecs gehört deshalb in eine Kategorie, die sich von diesen Formen der Gemeinschaft, Kultur und Identität unterscheidet. Die Rede von *Gemeinschaft, Kultur* und *Identität* an und für sich klärt überhaupt nicht, was die Québécois wollen, warum sie es wollen oder ob ihre Wünsche moralisch legitimiert sind. Auch hier benötigen wir neue Begriffe, um die Eigenart der Nationalismen von Minderheiten in liberalen Demokratien verstehen zu können. Das ist das erste Problem, um das es hier geht. Das zweite Problem betrifft die Gegenreaktion auf die Einwanderung in Kanada. Kanada verzeichnet im letzten Jahrzehnt weltweit die höchste Einwanderungsquote pro Kopf. Nun gibt es jedoch die wachsende Besorgnis, daß sich die in jüngster Zeit Eingewanderten nicht mehr *integrieren*. Vielfach herrscht die Überzeugung, diese neueren Einwanderer – die zum größeren Teil aus Asien und Afrika stammen und daher überwiegend nicht christlich und nicht weiß sind – würden isolierte ethnische Enklaven bilden. Es heißt, sie lebten abseits von der regulären Gesellschaft und würden sich teilweise in bewußtem Gegensatz zu dieser definieren.

In Kanada gibt es zunehmend Befürchtungen im Hinblick auf diese Einwanderer, und auch die Maßnahmen der Regierung für einen »Multikulturalismus«, die häufig als integrationshinderlich angesehen werden, stoßen in wachsendem Maße auf eine feindselige Haltung. Immer mehr Kanadier fordern, die Einwanderungszahlen zu drosseln und höheren Druck auf die Einwanderer auszuüben, sich in die reguläre Gesellschaft zu integrieren.

Dennoch werden Kanadas politische Grundsätze des Multikulturalismus oft als Modell für andere Länder angesehen. Darüber hinaus sind meiner Meinung nach viele dieser politischen Vorgehensweisen geeignete – und sogar unvermeidliche – Antworten auf die ethnokulturelle Vielfalt, wie sie mit einer umfänglichen Einwanderung naturgemäß einhergeht. Bedauerlicherweise mangelt es dem gängigen politischen Diskurs an der nötigen Begrifflichkeit, um diese Fragen auf intelligente Weise diskutieren zu können. Begriffe für individuelle

Rechte und ökonomische Chancen stehen nicht für das, worum es hier tatsächlich geht. Extreme Kritiker der Einwanderung vertreten die Ansicht, die Zuwanderer seien eine Gefahr für die Intaktheit unserer liberalen demokratischen Institutionen und eine Gefahr für unsere wirtschaftlichen Interessen. Tatsache ist jedoch, daß die Einwanderer in Kanada – einschließlich der allerneuesten Zuwanderer – patriotisch und gesetzestreu sind und mehr Arbeitsplätze schaffen, als sie wegnehmen. Die Einwanderer stellen deshalb in keinem Sinne eine Bedrohung für die Stabilität unserer politischen Institutionen oder unseres wirtschaftlichen Wohlergehens dar. In Wirklichkeit akzeptieren die meisten Kanadier, daß eine hohe Einwanderungsquote für die Stabilität von Kanadas Wirtschaft und sozialen Institutionen aus demographischen Gründen unerläßlich ist. Aufgrund einer überalterten Bevölkerung und niedrigen Geburtenraten beanspruchen zum Beispiel immer mehr alte Menschen das Gesundheits- und Rentensystem, während immer weniger Menschen im arbeitsfähigen Alter in das System einzahlen. Ohne einen ständigen Zustrom von Einwanderern im arbeitsfähigen Alter würde das System in absehbarer Zeit zusammenbrechen.

Die wirkliche Besorgnis im Hinblick auf die Einwanderung in Kanada ist deshalb kultureller, nicht etwa politischer oder wirtschaftlicher Natur. Die Sorge ist, daß die allerneuesten Einwanderer nicht vorhaben, *einer von uns* werden zu wollen, wie es frühere Zuwanderer anstrebten. Aber was für eine kulturelle Integration wird in einer liberalen Demokratie überhaupt erwartet? Schließlich gibt es in einer liberalen Demokratie keine Staatsreligion, keine offiziellen Kleiderordnungen, Ernährungsvorschriften oder Verhaltensanweisungen für die Freizeit. Was müssen die Eingewanderten also tun – oder nicht tun, um *einer von uns* zu werden?

Es gibt wenige eindeutige Antworten auf diese Frage. Die meisten akzeptieren, daß Einwanderer nicht Christen sein müssen, nicht Hockey im Fernsehen anschauen oder Romane von Margaret Atwood lesen müssen, um gute Kanadier zu sein. Trotzdem bleibt der vage und unfertige Gedanke, die Einwanderer würden sich nicht *integrieren*. Manchmal ist dieser Gedanke so unausgegoren, daß er in der Tat nach derselben kulturellen Fremdenfeindlichkeit und ethnischen Ausschließlichkeit riecht, die die englischsprachigen Kanadier dem Ethnonationalismus vorwerfen.[4] Als glaubten manche Kanadier, die nicht-christlichen oder nicht-weißen Einwanderer seien prinzipiell unfähig, sich in die reguläre Gesellschaft zu integrieren.

Aus diesem Grund weisen manche Kommentatoren die Kritik an der Einwanderungs- oder an der Multikulturalismuspolitik als rassistisch oder ethnozentrisch zurück. Aber wir können diese Bedenken nicht so einfach abtun. Ich vertrete den Standpunkt, daß sich das Muster der Integration von Einwanderern tiefgreifend verändern kann, wobei die Veränderungen auch zur Entwicklung dauerhaft marginalisierter Einwanderergruppen führen könnten. Es ist deshalb wichtig, dafür zu sorgen, daß die Politik, mit der die Regierung den Multikulturalismus fördert, nicht auf eine solche Marginalisierung hinausläuft. Um das zu gewährleisten, sollten wir beurteilen können, welche Formen der Integration in einer liberalen Demokratie wünschenswert sind, und wir sollten uns klar darüber sein, welche Folgen der Multikulturalismus für diese Integrationsformen hat. Dafür müssen wir eindeutige Kriterien entwickeln. So wie die Dinge liegen, fehlt uns das begriffliche Instrumentarium, um legitime Bedenken hinsichtlich der Integration von rein ethnozentrischen Bedenken hinsichtlich der wachsenden Präsenz nicht-weißer und nicht-christlicher Einwanderer unterscheiden zu können. Infolgedessen wird Einwanderern der Vorwurf gemacht, einen bestimmten Standard der *Integration* nicht einzuhalten, obwohl niemand erklärt hat, worin dieser Standard nun genau besteht und wie man ihm gerecht wird.

Meine beiden wesentlichen Anliegen lassen sich so formulieren: Da uns die begrifflichen Mittel fehlen, können wir weder (a) den Charakter der nationalistischen Bewegungen von Minderheiten in liberalen Demokratien und ihre Beweggründe verstehen, beispielsweise nicht den Nationalismus der Québécois; noch (b) den wirklichen und den erwünschten Grad der Integration von Zuwanderern beurteilen. Ich werde diese Probleme getrennt erörtern. Sie haben jedoch eine gemeinsame Wurzel – sie hängen beide mit dem Stellenwert der Kultur in der liberalen Theorie zusammen. Ich bin überzeugt, daß sich liberale Theoretiker mit einer systematischen Erforschung kultureller Fragestellungen befassen müssen. Allgemeiner gesagt, die liberale Theorie der Nachkriegszeit hat keine geschlossene Darstellung der Rolle der Kultur in den liberalen Demokratien hervorgebracht. Die meisten Theoretiker haben diese Frage ignoriert. Viele Liberale – insbesondere im 19. Jahrhundert – haben diese Frage zwar behandelt, gingen jedoch fast ausnahmslos von rassistischen oder ethnozentrischen Annahmen über den Wert verschiedener Kulturen aus oder über die den Rassen immanenten Unterschiede.[5] Deshalb haben wir bis heute kein brauchbares Vokabular, um derartige Fragen produktiv diskutieren zu können. Meine Überlegungen sind Teil eines umfassenderen Projekts, das dazu beitragen soll, diese Lücke zu schließen.

Bevor ich zum theoretischen Teil übergehe, noch eine letzte Bemerkung zu Kanada. Viele Kanadier bestreiten, daß wir eine *Theorie* ethnokultureller Beziehungen brauchen. Angesichts der Komplexität der Fragen sei es besser, sich irgendwie hindurchzulavieren und, sollten Schwierigkeiten auftauchen, pragmatische und ad hoc-Kompromisse zu machen. Alles in eine einzige Theorie zu pressen, sei zwecklos und bereite nur unnötige Probleme, heißt es. Tatsächlich galt lange Zeit, der gute Geist im politischen Leben Kanadas sei gerade die Vermeidung programmatischer Erklärungen oder ausdrücklicher

Grundsätze und ein unkomplizierter Umgang mit Problemen auf pragmatischer Grundlage.

Auch ich bin der Meinung, daß viele Probleme pragmatisch behandelt werden sollten. Es gibt keine Zauberformeln, die für all die vertrackten Fragen des politischen Lebens spezielle Antworten bereithalten. Allerdings konnte die pragmatische Einstellung nur so lange funktionieren, wie die Kanadier darauf vertrauten, daß sie tatsächlich alle Probleme lösen würden, ganz gleich, welche. Dieses Vertrauen ist verlorengegangen. Deshalb nehmen die Kanadier mittlerweile Zuflucht bei extremen und simplifizierten Lösungen. Wenn wir nicht mehr die Gewißheit haben, das Problem der widersprüchlichen nationalen Identitäten in Anglo- und Frankokanada lösen zu können, gehen wir dem Problem eben ganz aus dem Wege, indem wir Kanada in zwei Länder aufteilen! Wenn wir nicht mehr so zuversichtlich sind, daß wir die Belastungen durch hohe Einwanderungsquoten bewältigen können, vermeiden wir das Problem ganz, indem wir die Zuwanderung drastisch beschränken!

Das sind keine Lösungen, sondern verzweifelte Versuche, den drängenden Fragen auszuweichen. Für mich ist das der bedrückendste Aspekt der kanadischen Situation. Zuversicht und Optimismus haben in Kanada ehemals die Gewißheit erzeugt, unsere Probleme seien zu bewältigen. Diese Gewißheit ist dem Eindruck gewichen, die Dinge seien außer Kontrolle geraten. Die Meinung, unsere Probleme mit Quebecs Nationalismus bedeuteten nichts anderes, als daß wir nur einen Schritt davon entfernt seien, ein zweites Bosnien zu werden, ist nicht mehr ungewöhnlich. Nicht selten heißt es auch, die Förderung des Multikulturalismus bedeute, daß wir auf ein System der Apartheid zusteuerten, während Südafrika soeben davon Abschied nehme.

Diese Ängste sind meines Erachtens völlig unangebracht, grenzen eher an Hysterie. Zu meinen Zielsetzungen gehört deshalb, eine Art von Realitätsprüfung zu leisten. Die Entwicklung eines Vokabulars, mit dem sich kulturelle Fragestellungen diskutieren lassen, wird die Dinge hoffentlich ins rechte Licht rücken und vielleicht sogar das Vertrauen wiederherstellen, das nötig ist, um unsere Probleme auf einer pragmatischeren Grundlage lösen zu können. Kurz gesagt, ich beabsichtige nicht, eine Formel zu liefern, mit deren Hilfe alle schweren Fälle, die in ethnokulturell uneinheitlichen Gesellschaften auftreten, gelöst werden können, sondern ich biete einen Rahmen an, der sie im rechten Blickwinkel erscheinen läßt.

Liberaler Nationalismus

ICH WERDE DIE Fragen, die mit der Integration von Einwanderern aufgeworfen werden, im zweiten Teil erörtern. Der erste handelt von der Berücksichtigung der Nationalismen von Minderheiten in liberalen Demokratien. Mein Schwerpunkt liegt deshalb auf sogenannten *multinationalen* Staaten – das heißt Staaten, die zwei oder mehr Nationen oder Völker umfassen. Normalerweise gibt es in solchen multinationalen Staaten eine nationale Gruppe, die die Mehrheit stellt, und zudem eine oder mehrere nationale Minderheiten. Ich verwende den Ausdruck *nationale Minderheiten* nicht für Einwanderer, sondern bezeichne damit historisch ansässige, territorial verdichtete und vormals selbstbestimmt regierte Kulturen, deren Siedlungsgebiet einem größeren Staat eingegliedert worden ist. Die Eingliederung solcher Gruppen verläuft in der Regel unfreiwillig, durch Kolonisierung, Eroberung oder eine Gebietsabtretung unter imperialen Mächten; dennoch ist in seltenen Fällen die Eingliederung Ausdruck einer freiwilligen Föderation. Derartig eingegliederte Gruppen sind unter anderem Québécois und Puertoricaner in Nordamerika, Flamen, Katalanen und Basken in Europa.[6]

Viele dieser Gruppen streben nach erweiterter Selbstverwaltung, wenn nicht sogar nach staatlicher Souveränität durch Abspaltung, und haben dazu nationalistisch orientierte Mobilisierung betrieben. Ich untersuche, warum diese nationalistischen Bewegungen entstanden sind und wie sie mit den liberaldemokratischen politischen Institutionen zusammenhängen. Es ist nicht mein Ziel, diese Bewegungen zu verteidigen – obwohl ich in der Tat glaube, daß viele ihrer Forderungen legitim sind. Ich will vielmehr verstehen, warum sie sich so hartnäckig gehalten haben, obwohl man allgemein erwartet hatte, daß sie verschwinden würden.

Viele Kritiker werfen diese Bewegungen mit den illiberalen und fremdenfeindlichen Nationalismen Osteuropas in einen Topf. Wir sollten aber nicht allzu bereitwillig davon ausgehen, daß diese Art von Nationalismus, die aus der Asche des Kommunismus hervorging, dieselbe Art Nationalismus ist, die in stabilen liberalen Demokratien entsteht. Ich bin im Gegenteil der Meinung, daß sich die Nationalismen der Minderheiten in liberalen Demokratien in ihren Ursachen und Zielen von den Nationalismen, die jetzt in Osteuropa und der ehemaligen Sowjetunion fatale Wirkung entfalten, wesentlich unterscheiden.

Ich konzentriere mich also auf gewaltfreie, demokratische nationalistische Bewegungen in Westeuropa und Nordamerika. Diese Bewegungen haben die bestehende Verteilung von Kompetenzen in Frage gestellt, sie fordern sprachliche Rechte, die Neuziehung der politischen Grenzen und streben eine wirksame politische Vertretung an. In vielen liberalen Demokratien machen diese Forderungen einen erheblichen Anteil des politischen Alltags aus und sind gleichzeitig die größte Bedrohung für die politische Stabilität. Trotz der politischen Bedeutung dieser Forderungen bietet uns die liberale Demokratietheorie jedoch keine klare Orientierung, wie wir uns dazu verhalten sollen. Allgemeiner gesagt, zu der Frage, wie man mit den Nationalismen von Minderheiten zurechtkommen kann, schweigt sich die liberale Tradition vollständig aus.

Warum ignorieren die Liberalen diese Problematik? Den Hauptgrund dafür sehe ich darin, daß sie, unausgesprochen oder ausdrücklich, mit der Hypothese arbeiten, die Modernität untergrabe die nationale Identität. Die Liberalen sind damit nicht allein. Tatsächlich hat so gut wie jede neuere Diskussion des Nationalismus zunächst einmal betont, daß das Wiederaufleben des Nationalismus von den Theoretikern der Modernisierung nicht vorhergesehen war. Man war der Meinung gewesen, nationale Identitäten würden an Bedeutung verlieren und entweder durch eine übernationale kosmopolitische Identität oder durch eine postnationale staatsbürgerliche beziehungsweise verfassungsorientierte Identität ersetzt werden.

Diese Voraussage hat sich als falsch erwiesen. Obwohl das bereits oft festgestellt worden ist, haben wir noch keine exakte Diagnose, warum und worin sich die Modernisierungstheoretiker getäuscht haben. Ich vertrete die These, daß unabhängig voneinander zwei Irrtümer im Spiel waren. Der erste Irrtum betrifft die Rolle des Staates bei der Unterstützung und Bestandserhaltung ethnokultureller Identitäten. Die Theoretiker waren der Meinung, so wie der Modernisierungsprozeß zur Entpolitisierung religiöser Identitäten geführt hatte und demzufolge zur Trennung von Kirche und Staat, werde letztlich ein ähnlicher Prozeß zur Entpolitisierung ethnokultureller Identitäten führen und demzufolge zur Trennung der ethnokulturellen Gruppen vom Staat.

Diese Analogie zwischen Religion und Kultur ist jedoch nicht ganz richtig. Der Staat ist zwangsläufig in die Anerkennung und Reproduktion besonderer ethnokultureller Gruppen einbezogen, so daß die Politisierung kultureller Identitäten in einem gewissen Ausmaß unausweichlich ist. Die Modernisierung macht dies sogar noch wahrscheinlicher.

Der zweite Irrtum betrifft das Verhältnis zwischen kultureller Identität und individueller Freiheit. Die Modernisierung befreit den Einzelnen aus seiner starren sozialen Rolle und der traditionellen Identität, und sie nährt ein Ideal autonomer Individualität, das die Individuen ermutigt, der Wahlfreiheit und Mobilität vor traditionell zugeschriebenen Identitäten den Vorzug zu geben. Die Modernisierungstheoretiker vertreten die Ansicht, das Ideal autonomer Individualität vertrage sich nicht mit einer starken Bindung an die eigene kulturelle Gruppe, insbesondere nicht im Fall kleiner Nationen oder nationaler Minderheiten. Diese kleineren Gruppen seien starkem ökonomischen und politischen Druck ausgesetzt, sich in größere Nationen zu integrieren. Die Theoretiker gehen davon aus, die Mitglieder dieser Gruppen würden diesen Prozeß akzeptieren, statt um den Preis ihres wirtschaftlichen Wohlergehens oder sozialen Aufstiegs für die Beibehaltung ihrer kulturellen Identität zu kämpfen. Sich der Integration zu widersetzen, würde eine irrationale Bindung an die zugeschriebene Gruppenidentität verlangen, die mit dem modernen Ideal autonomer Individualität unvereinbar sei.

Ich vertrete den Standpunkt, daß die Annahme, eine enge Bindung an die eigene kulturelle Identität spiegele eine irrationale und illiberale Haltung, falsch sei. Der moderne Wunsch nach Freiheit und Autonomie hat die Verpflichtung des Einzelnen auf die eigene kulturelle Identität nicht im geringsten geschwächt, sondern in vielen Fällen erst recht gestärkt. Diejenigen, die ihre Autonomie schätzen, schätzen auch ihre Nationalkultur, denn diese ist der wichtigste Kontext, in dem Autonomie entwickelt und wahrgenommen werden kann.

Diese beiden Irrtümer beeinträchtigen nach wie vor unsere Fähigkeit, den Nationalismus zu verstehen und zu beurteilen. Der erste Irrtum besteht in dem Mythos eines kulturell neutralen Staates und in konfusen Darstellungen eines *staatsbürgerlichen Nationalismus*. Der zweite besteht in der Auffassung, der Nationalismus sei seiner Natur nach ein illiberales und primordiales Phänomen.

Der erste Fehler – in bezug auf das Verhältnis zwischen Staaten und Kulturen – ist größtenteils ein deskriptives Problem. Was wir brauchen, ist eine klarere Darstellung, wie liberale Staaten mit ihren ethnokulturellen Gruppen tatsächlich umgehen. Der zweite Fehler – in bezug auf das Verhältnis zwischen Kultur und individueller Freiheit – ist normativer und spekulativer. Er verlangt, daß wir uns in schwierige Fragen hinsichtlich der Beschaffenheit menschlicher Identität und Handlungsfähigkeit einarbeiten. Ich werde nur an die Oberfläche dieser Fragen rühren können. Dennoch wird deutlich werden, warum Liberale dem Nationalismus der Minderheiten mit seinen Forderungen und Bestrebungen nicht abschätzig gegenüberstehen sollten.

Das Verhältnis zwischen Staaten und Kulturen

MANCHE THEORETIKER VERTRETEN den Standpunkt, moderne Regierungen könnten und sollten es vermeiden, eine bestimmte gesellschaftliche Kultur oder ethnonationale Identität zu unterstützen. Andere meinen sogar, es sei genau dieser Zug, der freiheitliche *staatsbürgerliche Nationen* von illiberalen *ethnischen Nationen* unterscheide. Die ethnisch bestimmten Nationen sehen in der Aufrechterhaltung der ethnonationalen Kultur und Identität ihr wichtigstes Ziel. Staatsbürgerlich bestimmte Nationen sind im Gegensatz dazu hinsichtlich der ethnokulturellen Identitäten ihrer Staatsbürger *neutral* und definieren die nationale Zugehörigkeit allein unter dem Aspekt der Einhaltung bestimmter demokratischer und Rechtsprinzipien. Dieser Auffassung zufolge behandeln staatsbürgerliche Nationen die Kultur genauso wie die Religion – das heißt als etwas, dem sich jedermann in seinem Privatleben ungehindert widmen kann, das jedoch nicht zu den Belangen des Staates gehört (solange die Rechte anderer respektiert werden). So wie der Liberalismus die Einführung einer Staatsreligion ausschließt, kann er auch keine Staatskultur zulassen, der der Vorrang vor anderen kulturellen Loyalitäten eingeräumt wird.

Michael Walzer behauptet zum Beispiel, der Liberalismus

beinhalte eine »scharfe Trennung von Staat und Ethnizität«. Der Staat steht über den verschiedenen ethnischen und nationalen Gruppen des Landes und »weigert sich, deren unterschiedliche Lebensweisen zu unterstützen oder ein aktives Interesse an ihrer gesellschaftlichen Reproduktion zu nehmen«. Der Staat wahre statt dessen Neutralität »im Hinblick auf die Sprache, die Geschichte, die Literatur, den Kalender« dieser Gruppen. Walzer sieht das beste Beispiel für eine solche staatsbürgerliche Nation in den Vereinigten Staaten, deren ethnokulturelle Neutralität darin zum Ausdruck käme, daß es keine verfassungsmäßig verankerte Amtssprache gibt.[7]

Aber das ist irreführend. Tatsache ist, daß die amerikanische Regierung eine gemeinsame Sprache und gesellschaftliche Kultur sehr aktiv fördert. So ist gesetzlich vorgeschrieben, daß Kinder in den Schulen die englische Sprache lernen und in die amerikanische Geschichte eingeführt werden sollen. Bei Einwanderern über 50 Jahre verlangt das Gesetz, daß sie für den Erwerb der amerikanischen Staatsbürgerschaft Englisch lernen und sich Kenntnisse der amerikanischen Geschichte aneignen. Eine de facto-Voraussetzung für die Beschäftigung im öffentlichen Dienst ist, daß der Bewerber die englische Sprache beherrscht. Gerichtsverhandlungen und andere behördliche Tätigkeiten werden normalerweise nur in Englisch abgehalten; die daraus hervorgehenden Gesetze sowie amtliche Formulare werden gewöhnlich nur in Englisch vorgelegt. Alle Ebenen der amerikanischen Regierungsorganisation – die föderale, staatliche und lokale – erachten es als legitimes Interesse des Staates, eine gemeinsame Sprache zu fördern, und der oberste Gerichtshof hat diesen Anspruch wiederholt bekräftigt, indem er Gesetze bestätigte, die den Englischunterricht an Schulen und den Gebrauch der englischen Sprache in Amtsfunktionen anordnen. Oder wie Gerald Johnson es ausdrückt: »Es gehört zu den kleinen Ironien der Geschichte, daß kein polyglottes Reich der alten Welt gewagt hat, seiner Gesamtbevölkerung eine einzige Sprache so rücksichtslos aufzunötigen, wie die liberale Republik, ›die sich der Aussage verschrieben hat, daß alle Menschen gleich sind‹.«[8]

Kurz gesagt, die Vereinigten Staaten haben die Integration in eine *gesellschaftliche Kultur,* die auf der englischen Sprache beruht, vorsätzlich gefördert. Ich bezeichne sie als *gesellschaftliche* Kultur, um hervorzuheben, daß sie statt gemeinsamer religiöser Überzeugungen, Familiensitten oder individueller Lebensstile eine gemeinsame Sprache und gemeinsame soziale Institutionen beinhaltet. Gesellschaftliche Kulturen in einer modernen liberalen Demokratie sind unweigerlich pluralistisch, umfassen Christen ebenso wie Muslime, Juden und Atheisten, Heterosexuelle genauso wie Homosexuelle, Stadtbevölkerung und Landbevölkerung, Konservative und Sozialisten. Eine solche Vielfalt ist zwangläufig Folge von Rechten und Freiheiten, die den Bürgern eines liberalen Staates garantiert sind – darunter Gewissensfreiheit, Vereinigungsfreiheit, Redefreiheit, politische Meinungsfreiheit und das Recht auf Unverletzlichkeit der Privatsphäre –, das gilt insbesondere bei einer ethnisch uneinheitlichen Bevölkerung.

Eine gesellschaftliche Kultur ist eine territorial verdichtete Kultur, deren Kernstück eine geteilte Sprache ist, welche über ein großes Spektrum gesellschaftlicher Institutionen (Schulen, Medien, Recht, Wirtschaft, Verwaltung usw.) hinweg Verwendung findet, und zwar sowohl im öffentlichen als auch im privaten Leben. Die Teilhabe an derartigen gesellschaftlichen Kulturen erschließt ein Repertoire sinnhafter Lebensmuster, die den gesamten Bereich menschlicher Tätigkeiten abdecken, Soziales, Erziehung, Religion, Freizeit und Wirtschaft.

Die amerikanische Regierung hat die Integration in eine derartige gesellschaftliche Kultur bewußt gefördert – das heißt, sie hat die Bürger in der Meinung bestärkt, ihre Lebenschancen hingen davon ab, ob sie an gemeinsamen gesellschaftlichen Institutionen partizipieren, die die englische Sprache verwenden. Die Vereinigten Staaten sind in dieser Hinsicht nicht einzigartig. Die Förderung der Integration in eine gesellschaftliche Kultur ist Teil eines Projekts der »Nationenbildung«, das alle liberalen Demokratien betrieben haben, wobei jedoch einige Länder versucht haben, zwei oder mehr gesellschaftliche Kulturen zu erhalten, wie ich in Abschnitt 4 ausführe.

Die Art und Weise, in der die englischsprachigen Amerikaner eine gemeinsame *Kultur* teilen, ist eher locker, insofern Unterschiede der Religion, der individuellen Wertvorstellungen, der familiären Beziehungen oder Lebensstilentscheidungen nicht ausgeschlossen sind. Diese Art von gemeinsamer Kultur ist zwar eine dünne Decke, aber sie ist keineswegs trivial. Wie ich noch zeigen werde, sind im Gegenteil Versuche, den Einzelnen in eine solche gemeinsame gesellschaftliche Kultur zu integrieren, auf ernstlichen Widerstand gestoßen. Obwohl die Integration in diesem Sinne für den öffentlichen und privaten Ausdruck individueller und kollektiver Unterschiede breiten Raum läßt, wird die Vorstellung, daß Lebenschancen an gesellschaftliche Institutionen geknüpft sein sollten, die sich der Sprache der Mehrheit bedienen, von manchen Gruppen vehement abgelehnt.

Die amerikanische Regierung war also keinesfalls *neutral* im Hinblick auf Sprache und Kultur. Sie hätte es auch nicht sein können. Der Gedanke, die Regierung hätte in bezug auf die ethnokulturellen Gruppen neutral sein können, ist zweifellos falsch. Ob sich die Amerikaner als Gesamtheit in eine englische, deutsche oder spanische gesellschaftliche Kultur integrieren würden, wurde notwendigerweise von der Regierungspolitik bestimmt.

Einer der wichtigsten Bestimmungsfaktoren für das Überleben einer Kultur ist der Umstand, ob ihre Sprache Amtssprache ist – das heißt, ob ihre Sprache im öffentlichen Bildungswesen, in den Gerichten, in den gesetzgebenden Organen, in den Agenturen des Sozialstaats, im Gesundheitswesen usw. Verwendung findet. Wenn die Regierung die Sprache des öffentlichen Bildungswesens festlegt, vergibt sie die wohl wichtigste Form der Unterstützung, auf die gesellschaftliche Kulturen angewiesen sind. Denn die Weitergabe der Sprache und der damit verbundenen Traditionen und Gepflogenheiten an die nächste Generation ist nur über die Schulen gewährleistet.

Umgekehrt können Sprachen in den modernen industrialisierten Gesellschaften nur sehr schwer überleben, wenn sie im öffentlichen Leben keine Verwendung finden. Angesichts der vereinheitlichten Bildung, der hohen Anforderungen an Lese- und Schreibfertigkeiten im Beruf und ausgedehnter Interaktion mit Regierungsstellen wird jede Sprache, die nicht öffentlich gebrauchte Sprache ist, so sehr marginalisiert, daß sie allenfalls im Kreis einer kleinen Elite, in ritualisierter Form oder in abgelegenen ländlichen Gebieten überleben kann, nicht aber als lebendige und sich weiterentwickelnde Sprache, die einer regen gesellschaftlichen Kultur zugrunde liegt. Regierungsbeschlüsse über die Sprache, die die öffentlichen Schulen und Behörden benutzen, sind in Wahrheit Entscheidungen darüber, welche gesellschaftlichen Kulturen es künftig im Lande geben wird. In den Vereinigten Staaten hat man sich bewußt entschieden, eine anglophone gesellschaftliche Kultur zu unterstützen.

Entscheidungen hinsichtlich der Einwanderung und Einbürgerung wirken sich ebenfalls auf die Lebensfähigkeit gesellschaftlicher Kulturen aus. Die Einwanderung kann eine bestimmte Kultur so lange stärken, wie man die Zuwandererzahlen reguliert und die Einwanderer ermutigt, die Sprache der Nation zu erlernen und sich mit ihrer Geschichte zu beschäftigen (oder beides zur Bedingung macht). Wenn sich allerdings die Einwanderer eines multinationalen Staates in die Kultur der Mehrheit integrieren, werden die nationalen Minderheiten zahlenmäßig weiter überrundet und im politischen Leben ständig einflußloser. Darüber hinaus geben die Staaten den Zuwanderern oft Anreize, in Gegenden zu siedeln, die traditionellerweise von nationalen Minderheiten bewohnt werden, so daß sie selbst in ihrem historisch angestammten Gebiet zu einer Minderheit werden.

Man denke beispielsweise an den amerikanischen Südwesten. Als der Südwesten nach dem Mexikanisch-Amerikanischen Krieg im Jahr 1848 in die Vereinigten Staaten eingegliedert wurde, gab es dort nur eine kleine englischsprachige Bevölkerungsgruppe. Die Mexikaner (»Chicanos«) und die Indianerstämme, die das Gebiet seit Jahrhunderten bewohnten, waren zahlenmäßig weit überlegen. Hätten die Chicanos die Zuwanderung in die Region steuern können, hätten sie sicherlich eine politische Strategie verfolgt, die die Einwanderer anregt oder zwingt, sich in ihre gesellschaftliche Kultur zu integrieren, wodurch sie ihre Dominanz in der Region gewahrt hätten. (Sie hätten z.B. mexikanische statt europäische Zuwanderer begünstigen können.) Wenn das geschehen wäre, hätten wir im Südwesten heute eine ähnliche Situation wie in Quebec oder in Katalonien, eine Region nämlich, in der eine sprachlich andersartige nationale Minderheit dominiert. Die amerikanische Bundesregierung hatte jedoch den gegenteiligen Wunsch. Sie hatte sich zum Ziel gesetzt, der englischsprachigen Gesellschaftskultur auf dem gesamten Staatsgebiet im Südwesten die Dominanz zu sichern. Sie betrieb also die massive Zuwanderung in die Region und machte Siedlern und Einwanderern das Erlernen der englischen Sprache zur Auflage. Über die Vorzüge dieser Entscheidung kann man streiten. Wichtig daran ist vor allem, daß so oder so eine Entscheidung gefällt werden mußte, welche gesellschaftliche Kultur in einem Landstrich dominant sein sollte. Es galt, eine Entscheidung zu treffen, welche Personen als Einwanderer angenommen werden sollten, wie viele Personen die Einwanderungserlaubnis für das Gebiet erhalten und welche Sprache sie erlernen sollten – Entscheidungen, die je für sich tiefgreifende Folgen für die Lebensfähigkeit der verschiedenen gesellschaftlichen Kulturen haben.

Für öffentliche Grundsatzentscheidungen, die bestimmte ethnokulturelle Gruppen unausgesprochen oder ausdrücklich unterstützen, lassen sich zahllose Beispiele finden. Beschlüsse, die zum Beispiel Nationalfeiertage und schulische Lehrpläne festlegen, sind gewöhnlich Ausdruck einer bestimmten Nationalkultur und wirken kulturell bestandserhaltend. Außerdem können die Grenzen politisch-administrativer Unterbezirke so gezogen werden, daß sie nationalen Minderheiten mehr Einfluß verschaffen, indem man regionale Einheiten schafft, in denen sie die Mehrheit stellen. Die Grenzen können auch so gezogen werden, daß sie den Minderheiten Einfluß nehmen, indem sichergestellt ist, daß die dominante Gruppe in allen Unterbezirken die Mehrheit bildet. Über die Vorzüge unterschiedlicher Grenzziehungen läßt sich gewiß streiten. Es gibt jedoch keinen Weg, wie man die Entscheidung erübrigen könnte, ob ethnokulturellen Gruppen erlaubt sein sollte, in bestimmten Zuständigkeitsbereichen die Mehrheit zu bilden. Und somit gibt es keine Möglichkeit, *neutral* zu bleiben.[9]

Das zeigt, daß die Analogie zwischen Religion und Kultur nicht richtig ist. Ein Staat muß nicht unbedingt eine Staatskirche haben. Ein Staat kann aber nicht umhin, eine Kultur zumindest teilweise öffentlich zu etablieren, wenn er beschließt, welche Sprache und welches Geschichtswissen den Kindern in der Schule vermittelt werden; – welche Einwanderer ins Land kommen dürfen und welche Sprach- und Geschichtskenntnisse sie nachweisen müssen, um Staatsbürger werden zu können; – ob politisch-administrative Unterbezirke so eingerichtet werden, daß Bezirke entstehen, in denen nationale Minderheiten die Kontrolle ausüben usw. All diese politischen Entscheidungen bestimmen unmittelbar über die Lebensfähigkeit gesellschaftlicher Kulturen.

Daß liberale Staaten oder *staatsbürgerliche Nationen* in bezug auf ethnokulturelle Identitäten neutral seien, ist ein Mythos. Was unterscheidet dann aber staatsbürgerliche Nationen von ethnischen Nationen? Der grundlegende Unterschied betrifft die Bedingungen für den Eintritt in die Nation. *Ethnische* Nationen wie Deutschland definieren die Zugehörigkeit nach Maßgabe der geteilten Abstammung, so daß Menschen einer anderen Rasse oder ethnischen Gruppe (z.B. türkische Gastarbeiter in Deutschland) unabhängig davon, wie lange sie in dem Land leben, Schwierigkeiten haben, die Staatsbürgerschaft zu erwerben.[10] *Staatsbürgerliche* Nationen wie die Vereinigten Staaten stehen prinzipiell jedem offen, der auf dem Staatsgebiet lebt, sofern er sich Sprache und Geschichte der Gesellschaft aneignet. Staatsbürgerliche Nationen definieren die Zugehörigkeit nicht auf ethnischer Grundlage, sondern gemäß der Partizipation an einer gemeinsamen gesellschaftlichen Kultur, die allen offensteht.

Der ethnische Nationalismus verhält sich also exkludierend, während sich der staatsbürgerliche Nationalismus inkludierend verhält. Das ist der entscheidende Unterschied. Beide Nationalismen beinhalten jedoch die Politisierung ethnokultureller Gruppen. Beide deuten die nationale Zugehörigkeit unter dem Gesichtspunkt der Teilhabe an einer gemeinsamen gesellschaftlichen Kultur, und beide nutzen die staatliche Politik, um diese gesellschaftliche Kultur aufrechtzuerhalten und langfristig abzusichern. Die Nutzung staatlicher Politik, um eine bestimmte gesellschaftliche Kultur oder bestimmte gesellschaftliche Kulturen zu fördern, ist ein unvermeidlicher Zug eines jeden modernen Staates.

Liberale Nationenbildung
und Minderheitenrechte

AUCH WENN DIE Vorstellung eines kulturell neutralen Staates ein Mythos ist, bedeutet das nicht, daß die Regierungen notwendigerweise nur eine einzige gesellschaftliche Kultur fördern. Die politischen Strategien einer Regierung können den Bestand von zwei oder mehr gesellschaftlichen Kulturen in einem einzigen Land unterstützen – und tatsächlich ist diese Politik genau das, was multinationale Staaten auszeichnet, wie ich noch erläutern werde.

Historisch gesehen, haben praktisch alle liberalen Demokratien irgendwann einmal den Versuch gemacht, eine einzige gesellschaftliche Kultur auf ihrem gesamten Staatsgebiet zu verbreiten. Das sollte man nicht unbedingt als ein Indiz für Kulturimperialismus oder ethnozentrische Vorurteile sehen. Diese Art der Nationenbildung dient vielmehr einer Reihe wichtiger und legitimer Ziele. Eine moderne Ökonomie benötigt zum Beispiel flexible, gebildete Arbeitskräfte mit guten Lese- und Schreibfertigkeiten. Oft gilt ein vereinheitlichtes Bildungswesen mit einer gemeinsamen Sprache als unabdingbar, um den Bürgern in einer modernen Wirtschaft Chancengleichheit zu sichern. Zudem wird die Teilhabe an einer gemeinsamen gesellschaftlichen Kultur häufig als ein wesentlicher Faktor betrachtet, in modernen demokratischen Staaten Solidarität zu erzeugen. Die Art von Solidarität, die ein Wohlfahrtsstaat benötigt, setzt voraus, daß die Staatsbürger ein starkes Gefühl gemeinsamer Identität und gemeinsamer Zugehörigkeit haben. Denn nur dann werden sie bereit sein, füreinander Opfer zu bringen. Die gemeinsame Identität, so wurde argumentiert, wird über eine gemeinsame Sprache und Geschichte leichter erreicht. Die Förderung der Integration in eine gemeinsame gesellschaftliche Kultur hielt man für grundlegend, um in modernen Staaten soziale Gleichheit und politischen Zusammenhalt herzustellen.

Alle Staaten haben diesen Prozeß der *Nationenbildung* betrieben – das heißt, den Prozeß der Förderung einer gemeinsamen Sprache und damit eines Zugehörigkeitsgefühls zu den sozialen Institutionen, die auf dieser Sprache beruhen sowie auf der Vorstellung, diese Institutionen seien allen gleich zugänglich.[11] Die Entscheidung hinsichtlich der Amtssprachen, des Rahmenlehrplans im Bildungswesen und der Anforderungen für den Erwerb der Staatsbürgerschaft wird mit der erklärten Absicht getroffen, eine bestimmte Kultur in der gesamten Gesellschaft zu verbreiten und eine bestimmte nationale Identität zu fördern, die sich auf die Teilhabe an dieser gesellschaftlichen Kultur gründet.

Da diese nationenbildenden Projekte nicht bloß als Ausdruck ethnozentrischer Vorurteile gesehen werden können, sondern in der Tat Freiheit und Gleichheit für alle Bürger erwirken, sind sie von Minderheitengruppen nicht immer bekämpft worden. Einige ethnokulturelle Gruppen sind der Aufforderung, sich zu integrieren gefolgt. Und in manchen Ländern ist das Resultat solcher *nationenbildenden* Maßnahmen die Verbreitung einer gemeinsamen gesellschaftlichen Kultur, die das Staatsgebiet vollständig erfaßt. Das sind heute die paradigmatischen *Nationalstaaten* – zum Beispiel England, Frankreich, Deutschland.

In anderen Ländern haben sich regional verdichtete Minderheiten der Integration in die dominante gesellschaftliche Kultur widersetzt. In solchen multinationalen Staaten – wie Belgien, Kanada, der Schweiz und Spanien – existieren neben der dominanten gesellschaftlichen Kultur eine oder mehrere nationale Minderheiten, die durch eigene Sprachen und eigene Institutionen charakterisiert sind.

Warum haben sich manche Minderheiten der Integration widersetzt, während andere sich integriert haben? Wie Charles Taylor feststellt, werden Angehörige der mehrheitlich vertretenen Kultur durch den Prozeß der Nationenbildung unweigerlich privilegiert:

»Wenn eine moderne Gesellschaft über eine *Amtssprache* im vollen Wortsinne verfügt, das heißt über eine staatlich unterstützte, staatlich antrainierte und staatlich definierte Sprache und Kultur, mit der sowohl die Wirtschaft als auch der Staat arbeiten, dann bringt das natürlich einen ungeheuren Vorteil für diejenigen, um deren Sprache und Kultur es sich handelt. Sprecher anderer Sprachen sind deutlich im Nachteil.«[12]

Das bedeutet, daß Minderheitenkulturen vor eine Wahl gestellt sind. Wenn sich alle öffentlichen Institutionen einer anderen Sprache bedienen, besteht für Minderheiten die Gefahr, in den wichtigeren ökonomischen, akademischen und politischen Institutionen der Gesellschaft marginalisiert zu werden. Um eine dauerhafte Marginalisierung zu vermeiden, müssen sich Minderheiten in die Kultur der Mehrheit integrieren, oder sie müssen die Rechte und Befugnisse einer Selbstverwaltung anstreben, die es ihnen erlaubt, eine eigene gesellschaftliche Kultur aufrechtzuerhalten. Mit anderen Worten, sie brauchen die Selbstverwaltung, um ökonomische, politische und Bildungsinstitutionen zu schaffen, in denen die eigene Sprache gesprochen wird.

Ethnokulturelle Gruppen, die vor dieser Wahl stehen, haben unterschiedlich reagiert. Einige haben die Integration akzeptiert. Historisch betrachtet, trifft das besonders für Einwandeerergruppen zu. Im Gegensatz dazu haben sich nicht eingewanderte nationale Minderheiten der Integration stark widersetzt und für Selbstverwaltung gekämpft.

Warum haben gerade Einwanderer die Integration akzeptiert? Ich werde erst im zweiten Teil ausführlicher auf diese Frage eingehen. Ein Grund ist jedoch, daß Einwanderer die eigene Kultur bereits mit der Aussicht darauf, sich in eine andere nationale Gesellschaft integrieren zu müssen, freiwillig verlassen haben. Genau das bedeutet es schließlich, zu einem Einwanderer zu werden. Wäre ihnen der Gedanke, sich in eine andere Kultur einfügen zu müssen, unerträglich erschienen, hätten sie sich wohl kaum entschlossen, Einwanderer zu werden.[13] Da normalerweise Individuen oder Familien emigrieren, nicht ganze Gemeinschaften, mangelt es den Einwanderern zudem an der regionalen Verdichtung oder an körperschaftlichen Institutionen, die notwendig sind, um eine sprachlich eigenständige Gesellschaft neben der regulären Gesellschaft zu bilden. Der Versuch, eine eigenständige Parallelgesellschaft zu errichten, macht eine enorme Unterstützung von seiten der Gastgesellschaft erforderlich – nicht nur, was Sprachenrechte angeht, sondern auch bei der Siedlungspolitik und sogar bei der Neuziehung von Grenzen, um eine Form der Selbstverwaltung zu ermöglichen – eine Unterstützung, die keine Regierung eines Gaststaates willens ist zu geben. Die nationalistische Option ist also für Einwanderer weder wünschenswert noch durchführbar.

Damit will ich nicht sagen, daß Einwanderergruppen nicht auch wichtige politische Forderungen stellen, die häufig in die Rubrik des *Multikulturalismus* gehören. Es ist klar, daß Einwanderer die totale Anpassung ablehnen und statt dessen nach einer Möglichkeit suchen, ihren charakteristischen ethnokulturellen Identitäten und Praktiken Raum zu geben. Ich behandle diese Forderungen im zweiten Teil eingehender. Sie haben jedoch nicht die Form des Nationalismus angenommen. Es gibt in westlichen Demokratien eigentlich nur sehr wenige (wenn überhaupt) Beispiele für Einwanderergruppen, die nationale Bewegungen gebildet haben, um die Selbstverwaltung oder die Abspaltung aus dem Staatsverband zu erlangen.[14]

Bei nationalen Minderheiten ist demgegenüber eine existierende, kulturell eigenständige Gesellschaft bedroht, wenn die Sprache der Mehrheit durchgesetzt wird. Ihre Sprache und kollektive historische Ereinnerung haben bereits in einem kompletten Satz sozialer Praktiken und Institutionen konkrete Form gefunden – in Praktiken und Institutionen, die alle Aspekte des sozialen Lebens umfassen, nun jedoch durch die Anstrengungen der Mehrheit, eine allen gemeinsame gesellschaftliche Kultur zu verbreiten, gefährdet sind. Solche Gruppen widersetzen sich nahezu zwangsläufig der Integration und streben nach offizieller Anerkennung ihrer Sprache und Kultur. Walker Connor geht so weit zu behaupten, daß es wenige, wenn überhaupt, Beispiele für beglaubigte nationale Gruppen gibt, die in diesem Jahrhundert freiwillig in einer anderen Kultur aufgegangen sind, obwohl viele Gruppen mit beträchtlichen wirtschaftlichen Anreizen und politischem Druck dazu gedrängt worden sind.[15]

Die Forderung nach offizieller Anerkennung muß nicht die Form einer separatistischen Bewegung annehmen, die einen eigenen Staat aushebt. Sie kann statt dessen als Forderung nach lokaler Autonomie laut werden, die unter Umständen durch ein föderales System mit lokaler Zuständigkeit im Bereich der Bildung, der Sprache und möglicherweise sogar der Einwanderung realisierbar ist. In welcher Form auch immer der Anspruch auf offizielle Anerkennung auftritt, er beinhaltet normalerweise die Forderung nach positiven Rechten und Gesetzgebungsbefugnissen, die notwendig sind, um das Überleben einer kulturell eigenständigen Gesellschaft neben der Gesellschaft der Mehrheit zu gewährleisten.

Derartige nationalistische Bewegungen von Minderheiten

sind ein modernes Phänomen, und zwar nicht nur in dem Sinne, daß sie eine natürliche Begleiterscheinung zum Modernisierungsprojekt der Nationenbildung von seiten einer Mehrheit darstellen, sondern auch in dem Sinne, daß sie selbst eine Form der Nationenbildung sind. Die Nationalisten in Quebec oder Katalonien halten es für wichtig, eine gemeinsame Kultur und Sprache in ihrer gesamten Gesellschaft zu verbreiten, um Chancengleichheit und politische Solidarität zu fördern. Und sie bedienen sich derselben Mittel, die die majoritäre Nation in ihrem eigenen Programm der Nationenbildung verwendet – dazu gehören unter anderem das vereinheitlichte öffentliche Bildungswesen, die Festlegung von Amtssprachen mitsamt den sprachlichen Anforderungen für die Staatsbürgerschaft und die Beschäftigung im öffentlichen Dienst usw.

Kurz gesagt, vor die Wahl gestellt, ob sie sich integrieren oder für den Erhalt einer eigenständigen gesellschaftlichen Kultur kämpfen, wählen Einwanderergruppen offenbar eher die erste, nationale Minderheiten eher die zweite Möglichkeit.[16] Natürlich habe ich den Gegensatz simplifiziert. Das Ausmaß, in dem den Einwanderergruppen gestattet wurde, sich zu integrieren, oder in dem sie unterstützt wurden, dies zu tun, schwankt erheblich. Genauso verhält es sich mit dem Ausmaß, in dem nationale Minderheiten eine unabhängige Kultur beibehalten konnten. Generell gilt in westlichen Demokratien, daß die dominanten Kulturen mit der Integration nationaler Gruppen weit weniger Erfolg hatten als mit der Integration von Einwanderergruppen. In multinationalen Staaten haben sich die nationalen Minderheiten der Integration in die gemeinsame Kultur widersetzt. Statt dessen waren sie bestrebt, ihre unabhängige Existenz zu schützen, indem sie ihre eigene gesellschaftliche Kultur festigten. Es sieht so aus, als seien die Fähigkeit und die Motivation, eine eigenständige Kultur zu bilden und zu erhalten, kennzeichnend für nationale Gruppen, nicht hingegen für Einwanderergruppen.[17]

Individuelle Autonomie und nationale Identität

BISLANG HABE ICH lediglich die historisch nachweisbaren Praktiken liberaler Demokratien gegenüber ethnokulturellen Gruppen beschrieben. Beinahe alle westlichen Demokratien sind dabei einem Grundmuster gefolgt: Die majoritäre nationale Gruppe versucht, ihre eigene Sprache und Kultur auf dem gesamten Staatsgebiet zu verbreiten; die Einwanderergruppen akzeptieren gewöhnlich die Integration in diese gemeinsame Kultur, während sich nationale Minderheiten in den meisten Fällen der Integration verweigern und dafür kämpfen, ihren Status als separate und selbstverwaltete, kulturell eigenständige Gesellschaften zu erhalten.

Aber *warum* haben sich nationale Minderheiten der Integration widersetzt? Den Modernisierungstheoretikern zufolge spiegelt sich darin eine irrationale und illiberale Präferenz für eine zugeschriebene Gruppenidentität zum Nachteil individueller Autonomie. Doch ist das eine richtige Einschätzung?

Ich bin nicht dieser Meinung. Zum einen erklärt das nicht, warum viele Nationalisten auch liberale Reformer waren. Sie kämpften für die Selbstverwaltung, während sie sich gleichzeitig für eine Liberalisierung ihrer Gesellschaft einsetzten. Warum waren diese liberalen Reformer auch Nationalisten? Sie glaubten, daß die Partizipation an einer Nationalkultur die individuelle Wahlfreiheit keineswegs unterdrückt, sondern die individuelle Freiheit erst sinnvoll werden läßt. Dieser Auffassung zufolge beinhaltet Freiheit die Möglichkeit, zwischen verschiedenen Optionen wählen zu können, und unsere gesellschaftliche Kultur beinhaltet diese Optionen und läßt sie sinnvoll für uns werden.

Die Auffassung von der Verbindung zwischen individueller Wahlfreiheit und kultureller Zugehörigkeit ist meiner Meinung nach im wesentlichen richtig, obschon sie sich schwer artikulieren läßt. Ich möchte das hier nicht in allen Einzelheiten untersuchen, da ich das an anderer Stelle bereits getan habe.[18] Der Grundgedanke ist der: Modernität ist (zumindest teilweise) durch die Wahlfreiheit des einzelnen definiert. Aber was beinhaltet die individuelle Wahl? Der Einzelne trifft eine Wahl in bezug auf die sozialen Praktiken seiner Umgebung und stützt sich dabei auf seine eigene Überzeugung hinsichtlich des Werts dieser Praktiken. Eine Überzeugung hinsichtlich des Werts einer Praktik zu haben, heißt zunächst einmal, die Bedeutung zu verstehen, die unsere Kultur der Praktik beimißt. Gesellschaftliche Kulturen beinhalten *ein geteiltes Vokabular der Tradition und Konvention,* das dem kompletten Spektrum sozialer Praktiken und Institutionen zugrunde liegt.[19] Die Bedeutung einer sozialen Praktik verstehen zu können, setzt also ein Verständnis dieses *geteilten Vokabulars* voraus – das heißt ein Verständnis der Sprache und Geschichte, die dieses Vokabular begründen. Ob eine Handlungsweise eine Bedeutung für uns hat oder nicht, hängt davon ab, ob und wie uns unsere Sprache den eigentlichen Sinn der Tätigkeit lebendig werden läßt. Die Art und Weise, wie die Sprache diese Tätigkeiten lebendig werden läßt, ist durch unsere Geschichte geformt, durch unsere *Traditionen und Konventionen.* Das Verständnis dieser kulturellen Überlieferungen ist Vorbedingung für ein intelligentes Urteil in bezug auf die eigene Lebensführung. In diesem Sinne hält unsere Kultur nicht nur Optionen bereit, sondern liefert uns auch »die Brille, durch die wir Erfahrungen als wertvoll erkennen«, um Ronald Dworkin zu zitieren.[20]

Welche Schlußfolgerungen lassen sich hieraus ableiten? Dworkin zufolge müssen wir unsere gesellschaftliche Kultur vor *strukturellem Niedergang oder Verfall* schützen. Für das Überleben einer Kultur gibt es keine Garantie, und ist sie von Niedergang oder Verfall bedroht, müssen wir Schutzmaßnahmen ergreifen. Eine Kultur ist nicht an sich und für sich wertvoll, sondern weil die Einzelnen nur durch den Zugang zu einer gesellschaftlichen Kultur über einen Bereich sinnvoller Optionen verfügen.

Hier und an anderen Stellen spricht Dworkin von »kulturellen Strukturen«. Das ist ein potentiell irreführender Begriff, denn er suggeriert ein allzu formales und starres Bild von einem Phänomen, das im Grunde genommen sehr diffus und unabgeschlossen ist. Kulturen haben kein festes Zentrum oder klar gezogene Grenzen. Doch Dworkins zentrale Aussage ist meiner Meinung nach richtig. Die Verfügbarkeit sinnvoller Optionen hängt vom Zugang zu einer gesellschaftlichen Kultur ab sowie vom Verständnis der Geschichte und Sprache jener Kultur – ihrem *geteilten Vokabular der Tradition und Konvention.*[21]

Infolgedessen läßt sich die fundamentale liberale Verpflichtung auf die individuelle Freiheit dahingehend erweitern, daß daraus eine starke liberale Verpflichtung auf die langfristige Lebensfähigkeit und Entwicklung gesellschaftlicher Kulturen hervorgeht. In multinationalen Staaten hat das die Entstehung eines Nationalismus der Minderheiten zur Folge, das heißt die Forderung nach Sprachenrechten und Selbstverwaltungsbefugnissen. Solche Rechte und Befugnisse sorgen dafür, daß nationale Minderheiten ihre gesellschaftlichen Kulturen bis in die ferne Zukunft aufrechterhalten und entwickeln können.

Die Beziehung zwischen individueller Freiheit und Zugehörigkeit zu einer Nationalkultur wird neuerdings ausführlich behandelt – so bei Yael Tamir, Joseph Raz, Charles Taylor oder David Miller.[22] Ich glaube allerdings, daß sie bei den meisten der heutigen liberalen Theoretiker implizit thematisiert wird, beispielsweise auch bei Dworkin oder Rawls.[23] Alle diese Autoren sehen den grundlegenden liberalen Wert persönlicher Freiheit in einem engen Zusammenhang mit der Zugehörigkeit zu einer Nationalkultur. Anders gesagt, das liberale Ideal ist eine Gesellschaft freier und gleicher Individuen. Aber was für eine »Gesellschaft« ist hier relevant? Für die meisten Menschen scheint das die eigene Nation zu sein. Die Freiheit und Gleichheit, die sie schätzen und mit der sie am meisten anfangen können, ist die Freiheit und Gleichheit in ihrer eigenen gesellschaftlichen Kultur. Sie sind sogar bereit, auf größere Freiheit und Gleichheit zu verzichten, um den Fortbestand der eigenen Nation zu sichern.

So favorisieren zum Beispiel nur wenige ein System, in dem die Menschen Grenzen ungehindert überschreiten und sich in jedem beliebigen Land niederlassen können, um dort zu arbeiten und zu wählen. Ein solches System würde das Gebiet, in dem der Einzelne als freier und gleicher Bürger behandelt wird, enorm vergrößern. Offene Grenzen würden es allerdings auch wahrscheinlicher machen, daß die eigene nationale Gemeinschaft von Mitgliedern anderer Kulturen überrannt werden würde, so daß das Überleben als eigenständige Nationalkultur eventuell nicht mehr gesichert wäre. Wir haben also die Wahl zwischen erhöhter Mobilität, verbunden mit einem größeren Gebiet, in dem wir freie und und gleiche Individuen sind, und begrenzter Mobilität mit größerer Gewißheit, weiterhin freie und gleiche Mitglieder der eigenen Nationalkultur sein zu können. Die meisten Bürger liberaler Demokratien bevorzugen eindeutig das zweite Modell. Sie möchten lieber in ihrer eigenen Nation frei und gleich sein, selbst wenn das bedeutet, daß sie weniger Möglichkeiten haben, anderswo zu arbeiten und zu wählen. Freie und gleiche Weltbürger zu sein,

63

ist ihnen weniger wichtig, als frei und gleichberechtigt in ihrer eigenen Sprache und Kultur leben und arbeiten zu können.

Die meisten Theoretiker in der liberalen Tradition haben dem implizit zugestimmt. Von den wichtigen Vertretern liberaler Theorie ist kaum einer für offene Grenzen eingetreten oder hat dies auch nur ernsthaft in Erwägung gezogen. Sie haben im allgemeinen akzeptiert – oder haben es vielmehr für selbstverständlich erachtet –, daß Freiheit und Gleichheit, auf die es den Menschen am meisten ankommt, die Freiheit und Gleichheit in der eigenen gesellschaftlichen Kultur ist. Ebenso wie Rawls gehen sie davon aus, daß der Einzelne in eine »Gesellschaft und Kultur hineingeboren« wird und darin »erwartungsgemäß« sein ganzes Leben verbringt und daß dies den Bereich definiert, in dem die Menschen frei und gleich sein müssen.[24]

Kurz gesagt, liberale Theoretiker haben im allgemeinen, wenngleich unausgesprochen, akzeptiert, daß Kulturen oder Nationen die Basiseinheiten der liberalen politischen Theorie sind. In diesem Sinne »sind die meisten Liberalen liberale Nationalisten«, wie Tamir es ausdrückt. Das heißt, liberale Ziele werden innerhalb einer und vermittels einer liberalisierten gesellschaftlichen Kultur oder Nation erreicht.[25]

Die Auflösung der »Paradoxie« eines liberalen Nationalismus

BISHER HABE ICH den Standpunkt vertreten, daß liberale Staaten zwangsläufig in die Erhaltung und Bewahrung gesellschaftlicher Kulturen verwickelt sind und daß die Partizipation an der eigenen gesellschaftlichen Kultur den wichtigsten Kontext für die Wahrnehmung individueller Freiheit darstellt. Damit haben wir eine vorläufige Erklärung für die Dauerhaftigkeit des Nationalismus von Minderheiten in liberalen Demokratien.

Anscheinend liegt darin jedoch eine Paradoxie, die ich erörtern möchte und zu deren Auflösung ich beitragen will. Das soeben angeführte Argument setzt voraus, daß der Einzelne eine starke Bindung an die eigene Kultur hat und daß diese Bindung mit dem Wunsch nach individueller Freiheit und folglich mit dem Wunsch nach Liberalisierung der eigenen Kultur nicht unvereinbar ist. Viele, die sich dazu äußern, finden das paradox. Warum sollten Individuen sich einer liberalisierten Kultur weiter verpflichtet fühlen? Denn sobald eine Kultur eine Liberalisierung durchmacht – dem Einzelnen also die Möglichkeit gibt, traditionelle Lebensweisen in Frage zu stellen und abzulehnen –, wird die kulturelle Identität *dünner* und verliert ihre Einzigartigkeit. Das heißt, sobald eine Kultur liberaler wird, sind ihre Mitglieder immer weniger gewillt, grundlegende Vorstellungen vom guten Leben zu teilen, und immer mehr geneigt, sich anderen liberalen Kulturen anzuschließen.

Die Québécois eignen sich vorzüglich zur Veranschaulichung dieses Prozesses. Vor der »stillen« Revolution hegten sie im allgemeinen eine ländlich, katholisch, konservativ und patriarchal bestimmte Vorstellung vom Guten. Heute, nach einer Zeit beschleunigter Liberalisierung, haben die meisten die traditionelle Lebensweise aufgegeben, und die Gesellschaft der Québécois zeigt die gleiche Vielfalt wie jede andere moderne Gesellschaft – sie umfaßt Atheisten und Katholiken, Homosexuelle und Heterosexuelle, städtisch geprägte Yuppies und bäuerlich geprägte Landbewohner, Sozialisten und Konservative usw. Ein *Québécois* zu sein bedeutet heute einfach, am Leben der frankophonen Gesellschaft Quebecs zu partizipieren. Und die französischsprachigen Einwohner Quebecs sind sich über die Vorstellungen vom Guten untereinander nicht mehr einig als die englischsprachigen Einwohner der Vereinigten Staaten. *Québécois* zu sein, kann also nur noch eine sehr lockere Form der Identität bedeuten.

Der Prozeß der Liberalisierung bewirkte außerdem, daß die Québécois den englischsprachigen Kanadiern in ihren grundlegenden Wertvorstellungen ähnlicher geworden sind. Die Liberalisierung in Quebec während der letzten 30 Jahre führte in bezug auf die individuellen und gesellschaftlichen Werte zu einer deutlichen Annäherung zwischen englisch- und französischsprachigen Kanadiern, so daß es mittlerweile »schwierig wäre, sich durchhaltende Unterschiede festzustellen, was die Einstellungen in bezug auf moralische Werte, das Prestige von Berufen, die Rolle der Regierung, die Rechte von Arbeitnehmern, die Rechte von Ureinwohnern, die Gleichheit der Geschlechter und Rassen und die Vorstellung von Autorität angeht«.[26]

Kurz gesagt, die Liberalisierung in Quebec hat zweierlei mit sich gebracht: zum einen eine Zunahme der Unterschiede bei den Wertvorstellungen innerhalb der Québécois, zum anderen eine Verringerung der Unterschiede zwischen den Québécois und den Angehörigen anderer liberaler Kulturen. Das ist kein einmaliger Prozeß, ähnliche Vorgänge spielen sich in Europa ebenfalls ab. Die Modernisierung und Liberalisierung Westeuropas hat sowohl die Gemeinsamkeiten innerhalb der einzelnen Nationalkulturen verringert als auch kulturübergreifend mehr Gemeinsamkeiten entstehen lassen. In der Phase der Liberalisierung wurde Spanien im Inneren pluralistischer und gleichzeitig, unter dem Gesichtspunkt einer modernen, säkularen, bürokratisierten, industrialisierten, demokratischen und konsumorientierten Gesellschaft, Frankreich und Deutschland ähnlicher.

Das erklärt die These vieler Theoretiker, Liberalisierung und Modernisierung würden jedes starke Gefühl nationaler Identität verdrängen. Sobald Kulturen eine Liberalisierung durchmachen, lockert sich die Bindung der Einzelnen an überlieferte Bräuche und traditionelle Wertvorstellungen der eigenen nationalen Gruppe immer mehr, und zugleich erfolgt, unter dem Gesichtspunkt einer gemeinsamen Zivilisation, eine Angleichung an andere Nationen. Warum sollte sich dann noch jemand stark der eigenen Nation verbunden fühlen?

Vor dieses Rätsel gestellt, sind zwei Antworten möglich. Eine besteht darin, die Paradoxie zu vermeiden, indem unterstellt wird, der Nationalismus Quebecs müsse letztlich doch illiberal sein. Der Wandel der politischen Kultur Quebecs zu einem säkularen liberalen Pluralismus ist strenggenommen nur oberflächlich, und die Forderung nach größerer Autonomie offenbart einen tiefer liegenden, verdeckten Wunsch nach Rückzug aus der Moderne, den Wunsch, ein enger geknüpftes und intensiveres Gemeinschaftsleben, das auf geteilter Ethnizität, Geschichte und Religion beruht, wiederherzustellen. Ein wahr-

haft liberaler Nationalismus ist demzufolge grundsätzlich nicht
möglich – der Wunsch Quebecs nach nationaler Anerkennung
und Autonomie sei der Beweis, daß die liberalen Werte der anderen Kanadier in Wahrheit nicht geteilt würden.

Die andere Antwort besteht darin zu akzeptieren, daß die
Paradoxie eines liberalen Nationalismus eine Tatsache ist und
nicht von selbst wieder verschwinden wird. Die eigentliche
Triebkraft hinter Quebecs Nationalismus ist demzufolge nicht
eine rückwärtsgewandte kommunitaristische oder konservative
Ideologie, sondern eine Zukunftsvorstellung, die Quebec als
pluralistische, liberale moderne Gesellschaft sieht.

Die Realität bestätigt eindeutig diese These. Alle Anzeichen
sprechen dafür, daß die Angehörigen liberaler Kulturen die
eigene kulturelle Zugehörigkeit *durchaus* schätzen. Die Liberalisierung hat die nationale Identität keineswegs verdrängt,
sondern ist mit einem wachsenden Nationalitätsbewußtsein
einhergegangen. In Quebec waren viele liberale Reformer zugleich überzeugte Nationalisten, und die nationalistische Bewegung hat während der »stillen Revolution« und danach an
Stärke gewonnen. Dieselbe Verbindung von Liberalisierung
und gestärkter nationaler Identität läßt sich in vielen anderen
Ländern feststellen. In Belgien zum Beispiel war die Liberalisierung der flämischen Gesellschaft von einem jähen Anstieg
nationalistischer Gesinnung begleitet.[27] Ein Erstarken nationalistischer Gesinnung in Katalonien und dem Baskenland be-
gleitete auch die Liberalisierung der spanischen Gesellschaft.[28]
Die Tatsache, daß eine Kultur toleranter und pluralistischer
geworden ist, hat den generellen und tiefempfunden Drang, in
der eigenen Kultur zu leben, nirgends mindern können.

Diese Bindung erscheint vielen als zutiefst »paradox«, eine
Paradoxie, die sich allenfalls mit einem irrationalen »Narziß-
mus der kleinen Unterschiede« erklären läßt.[29] Paradox ist
das aber nur dann, wenn man von der Annahme ausgeht, das
Bekenntnis zur eigenen Nationalkultur sei illiberal. Liegt der

Wert nationaler Identität darin, dem Einzelnen eine Rolle zuzuweisen und ein Ziel vorzugeben, dann ist es natürlich paradox, eine liberale Kultur zu schätzen. Geht man statt dessen davon aus, daß Individuen zu einer sinnstiftenden Autonomie finden, indem sie Entscheidungs- und Handlungsmöglichkeiten erproben, die ihnen in ihrer eigenen gesellschaftlichen Kultur zur Verfügung stehen, dann wäre die Verbindung von zunehmender Liberalisierung und nationalistischer Mobilisierung, wie man sie in Quebec oder Katalonien antrifft, genau das, was man erwarten würde.

Autonome Individuen schätzen ihre nationale Identität nicht, *obwohl* sie dünn ist, sondern gerade *weil* sie dünn ist – weil eine ausgedünnte Nationalkultur den Kontext bereitstellt, in dem Individuen ihre Autonomie entwickeln und wahrnehmen können. Die Idee einer starken Bindung an eine dünne kulturelle Identität ist keine Paradoxie des liberalen Nationalismus, sondern Teil der Definition des liberalen Nationalismus. Wenn es so etwas wie einen liberalen Nationalismus geben sollte, dann nur in dieser Form.

»Wenn die Sache der Freiheit ihre Grundlage in der Autonomie nationaler Gruppen« hat, wie Ernest Barker es ausdrückt[30], dann würde man erwarten, daß es, unter dem Gesichtspunkt des Repertoires an Lebensweisen, eine größere Vielfalt innerhalb der Nationalkulturen gäbe; und daß, unter dem Gesichtspunkt einer von allen geteilten Bindung an die liberal-demokratischen Grundprinzipien der Gesellschaft, zugleich eine größere Gemeinsamkeit der Nationalkulturen untereinander feststellbar wäre. Die Tatsache, daß die Angehörigen nationaler Minderheiten selbst dann noch Selbstverwaltung für sich fordern, wenn ihre nationale Identität bereits dünner und weniger unverwechselbar geworden ist, ist kein Beweis für eine illiberale Bindung. Im Gegenteil beweist sie, wie vollständig sich nationale Minderheiten der Moderne angeschlossen haben und dem Prinzip individueller Autonomie folgen.

Die Hartnäckigkeit des Nationalismus von Minderheiten mag manchen nach wie vor rätselhaft erscheinen, und ich bin mir nur allzu bewußt, daß ich nicht wirklich erklärt habe, warum die Angehörigen nationaler Minderheiten der eigenen Nationalkultur so stark verbunden sind. Ich weiß nicht einmal, was als angemessene Erklärung gelten könnte. Den Skeptikern hätte ich eine letzte Überlegung anzubieten. Es wäre ein Fehler, die Frage »Warum hängen Minderheiten so stark an ihrer nationalen Identität?« so zu formulieren, als sei dies allein ein Merkmal nationaler Minderheiten und nicht auch von Mehrheiten. Wenn wir die Frage so formulieren, suchen wir von vornherein nach Eigenschaften, die Minderheiten von Mehrheiten unterscheiden, zum Beispiel das Gefühl, mit dem Rükken zur Wand zu stehen, oder heimlicher Groll. In Wirklichkeit gibt es keine Anhaltspunkte dafür, daß die Angehörigen von Mehrheiten weniger stark an der Freiheit hängen, in ihrer eigenen gesellschaftlichen Kultur zu leben, als die Angehörigen von Minderheiten.[31] Und insoweit dies zutrifft, gebietet die Fairneß, daß wir dieser festen Bindung Raum geben, was immer die genaue Erklärung dafür sein mag. Es ist vielleicht ein Rätsel, warum die Menschen der eigenen nationalen Identität überhaupt so hohe Wertschätzung entgegenbringen, doch an der Tatsache, daß *Minderheiten* dies tun, ist überhaupt nichts rätselhaft. Sie tun das aus den gleichen Gründen wie die Angehörigen von Mehrheiten.[32]

Illiberale Gruppen

IN DEN VORANGEGANGENEN Ausführungen habe ich versucht zu zeigen, daß nationalistische Bewegungen mit dem Ziel der Selbstverwaltung in den westlichen Demokratien oft die Bemühungen um individuelle Freiheit und das Engagement dafür widerspiegeln. Natürlich gibt es Nationen und nationalistische Bewegungen, die illiberal sind. Es gibt Kulturen, die überhaupt keine Autonomie gewähren, sondern dem Einzelnen bestimmte Rollen und Aufgaben zuweisen und es ihm unmöglich machen, diese in Frage zu stellen oder zu verändern. Es gibt Kulturen, die nur einigen wenigen Autonomie zugestehen, während sie diese anderen, beispielsweise den Frauen, niederen Kasten oder Minderheiten, verweigern. Bei den Nationen der westlichen Welt ist das selten der Fall, obschon es auch da Ausnahmen gibt. Jedenfalls fördern derartige Kulturen keine liberalen Werte.

Das zeigt, daß Liberale die kulturelle Zugehörigkeit nicht unkritisch befürworten können. Wenn es tatsächlich so ist, daß die liberale Verpflichtung, nationale Identität zu respektieren, sich aus deren Rolle für die Ermöglichung von Autonomie ableitet, sollten wir dann nicht die Angehörigen illiberaler Kulturen dazu ermutigen oder dazu zwingen, sich in liberalere Kulturen zu integrieren? Das allerdings würde unberücksichtigt lassen, auf welche Weise der Einzelne an die eigene Kultur gebunden ist. Es sollte nicht das Ziel von Liberalen sein, nicht-liberale Nationen aufzulösen, sondern sich um deren Liberalisierung zu bemühen. Das wird vielleicht nicht immer möglich sein. Man sollte sich jedoch daran erinnern, daß alle heute existierenden liberalen Nationen ihre illiberale Vergangenheit hatten und daß die Liberalisierung eines längeren Prozesses institutioneller Reformen bedurfte. Die Annahme, eine Kultur sei ihrem Wesen nach illiberal und reformunfähig, ist ethnozentrisch und ahistorisch. Außerdem ist die Liberalität einer Kultur eine graduelle Angelegenheit. Durch alle Kulturen ziehen sich auch illiberale Traditionsstränge, so wie es umgekehrt nur wenige Kulturen gibt, die die individuelle Freiheit vollständig unterdrücken. Es ist sogar regelrecht irreführend, von liberalen und illiberalen Kulturen zu sprechen, so als sei die Welt klar eingeteilt in vollkommen *liberale* Gesellschaften auf der einen Seite und vollkommen *illiberale* Gesellschaften auf der anderen. Die liberale Reform ist in jeder Gesellschaft eine unvollendete Aufgabe, und es wäre lächerlich zu fordern, nur durch und durch liberale Nationen sollten ein Lebensrecht haben, andere hingegen sollten integriert werden.

Als allgemeine Regel läßt sich also festhalten, daß Liberale die illiberalen Nationen nicht daran hindern sollten, ihre gesellschaftliche Kultur zu erhalten, sondern sie sollten die Liberalisierung dieser Kulturen fördern. Das Problem, wie man die Liberalisierung fördern kann, und grundsätzlicher noch, wie liberale Staaten ihre nicht-liberalen Minderheiten behandeln sollten, ist ein umfängliches Thema, dem ich bereits an anderer Stelle ausführlich nachgegangen bin.[33]

Warum entwickeln sich manche nationalistischen Bewegungen in liberalen Bahnen, während andere das nicht tun? Ich habe keine vollständig ausgearbeitete Antwort auf diese Frage anzubieten. Dennoch möchte ich versuchsweise einen Vorschlag machen. Ich vermute, daß der Umfang, in dem eine nationalistische Bewegung liberal ist, größtenteils davon abhängt, ob sie in einem Land mit alteingeführten liberalen Institutionen entsteht. Der Nationalismus der Flamen, Schotten und Québécois ist deshalb liberal, weil Belgien, Großbritannien und Kanada altbewährte liberale Demokratien sind. Eine nationalistische Bewegung, die versuchen wollte, einer Bevölkerung, die an die Vorteile liberaler Regierung gewöhnt ist, illiberale Praktiken aufzuzwingen, würde keine Unterstützung finden. Im Gegensatz dazu ist der Nationalismus der Serben, Ukrainer und Slowaken illiberal, weil er aus illiberalen Staaten hervorgeht. Nationalistische Bewegungen tendieren demnach dazu, sich nach der politischen Kultur ihres Umfeldes zu richten.

Resümee

ICH HABE, UM das abschließend noch einmal zusammenzu-
fassen, im wesentlichen zwei Fehler beschrieben, die erklären
helfen, warum Modernisierungstheroetiker die Wahrscheinlichkeit des Auftretens nationalistischer Bewegungen unter-
schätzten: ein Unvermögen, die unvermeidliche Rolle des
Staates für die Bestandserhaltung bestimmter ethnokultureller
Gruppen zu erkennen; und ein Unvermögen, die Rolle nationaler Identität für die Aufrechterhaltung individueller Autonomie zu erkennen. Diese beiden Fehler verhindern immer noch
ein klares Verständnis des Nationalismus im Westen.

Meiner Ansicht nach ist es überraschend, daß der erste Fehler immer noch auftaucht, denn als eklatanter Fehler müßte er
jedem auffallen, der die Organisation und Funktion moderner
Staaten genauer untersucht. Der zweite Fehler ist verständ-
licher, da, wie wir gesehen haben, die Wichtigkeit nationaler
Identität für die individuelle Freiheit paradox erscheint, zumal
die Wirkung der Liberalisierung die ethnokulturellen Gruppen intern vielgestaltiger werden und sie gegenüber anderen
Gruppen an Unverwechselbarkeit einbüßen läßt.

Ich vertrete den Standpunkt, daß die Zugehörigkeit zu einer
eigenen gesellschaftlichen Kultur eine wichtige Rolle spielt, in-

sofern sie eine sinnvolle individuelle Wahl ermöglicht und die Ich-Identität unterstützt. Auch wenn die Angehörigen einer (liberalisierten) Nation keine moralischen Wertvorstellungen oder traditionellen Lebensweisen mehr miteinander teilen, haben sie gleichwohl weiterhin eine feste Bindung an ihre eigene Sprache und Kultur. Tatsächlich liefert die nationale Identität gerade deshalb ein sicheres Fundament für die individuelle Autonomie und Ich-Identität, weil sie nicht auf geteilten Wertvorstellungen beruht – die nationale Identität liegt, wie Tamir formuliert, »außerhalb des normativen Bereichs«[34]. Die kulturelle Zugehörigkeit eröffnet uns einen verständlichen Kontext der Wahl und gibt uns ein sicheres Gefühl für Identität und Zugehörigkeit, bei dem wir Rückhalt finden, wenn wir in bezug auf persönliche Werte und Vorhaben verunsichert sind. Und die Tatsache, daß die nationale Identität keine gemeinsamen Wertvorstellungen verlangt, erklärt auch, warum Nationen geeignete Einheiten für die liberale Theorie sind: Nationale Gruppierungen sorgen für eine gewisse Freiheit und Gleichheit und sind Quelle gegenseitiger Anerkennung und wechselseitigen Vertrauens. Anerkennung und Vertrauen wiederum können bei unterschiedlichen Wertvorstellungen, die in modernen Gesellschaften unausweichlich sind, für Ausgleich sorgen.

Wenn ich recht damit habe, daß nationale Identität und individuelle Autonomie aufs engste miteinander verknüpft sind und der Staat an der faktischen Bestimmung, welche gesellschaftlichen Kulturen langfristig erhalten bleiben, zwangsläufig beteiligt ist, dann können wir mit einiger Sicherheit voraussagen, daß der Nationalismus ein beständiges Merkmal der Moderne bleiben wird. Der Mythos, ein Staat könne schlicht und einfach auf demokratische Prinzipien gegründet sein, ohne eine bestimmte nationale Identität oder Kultur zu unterstützen, hat es bisher unmöglich gemacht, die Gründe zu erkennen, warum nationale Minderheiten so erpicht darauf sind, politische Einheiten zu bilden oder zu erhalten, in denen sie die Mehrheit stellen. Haben wir die unvermeidlichen Verbindungen zwischen Staat, Kultur und individueller Freiheit erst einmal erkannt, ist es in der Tat so, wie Ernest Gellner feststellte: Die Frage lautet dann nicht mehr, warum nationale Bewegungen entstehen, sondern eher, warum es nicht mehr von ihnen gibt.

Multikulturelle Staatsbürgerschaft

Einleitung

IM ERSTEN TEIL habe ich gezeigt, daß die meisten liberalen Demokratien im Umgang mit der ethnokulturellen Vielfalt dem gleichen Grundmuster gefolgt sind. Sie haben einen Prozeß der Nationenbildung betrieben, in welchem die mehrheitlich vertretene nationale Gruppe versucht hat, ihre Sprache und Kultur auf dem gesamten Staatsgebiet zu verbreiten. Entscheidungen hinsichtlich der Amtssprachen, des Rahmenlehrplans für das Schulwesen und der Anforderungen für den Erwerb der Staatsbürgerschaft werden sämtlich in der Absicht getroffen, eine bestimmte gesellschaftliche Kultur auf die Gesellschaft in ihrer Gesamtheit auszudehnen und eine bestimmte nationale Identität zu fördern, die sich auf die Zugehörigkeit zu dieser gesellschaftlichen Kultur und die Teilhabe an ihr gründet. Angesichts dieser gebündelten Maßnahmen zur Nationenbildung haben Einwanderer die Integration in die gemeinsame Kultur gewöhnlich akzeptiert, während sich nationale Minderheiten der Integration charakteristischerweise widersetzen und statt dessen dafür kämpfen, ihren Status als separate und selbstverwaltete, kulturell eigenständige Gesellschaften beizubehalten.

Dieses Muster wirft zwei naheliegende Fragen auf. Erstens,

wie erklären wir uns den hartnäckigen Widerstand gegen die Integration von seiten nationaler Minderheiten, und wie beurteilen wir diesen? Das war das Thema des ersten Teils. Zweitens, wie erklären wir uns – und beurteilen wir – die Integration von Einwanderern? Das ist im folgenden der Schwerpunkt.

Wie bereits erwähnt, gibt es die Meinung, daß sich die in der Geschichte bislang vorhandene Integrationsneigung von Einwanderergruppen ändert und einer *ethnischen Wiederbelebung* weicht. Die staatlich geförderte Politik des *Multikulturalismus* ermutige zudem die Einwanderergruppen, sich ähnlich wie *nationale* Gruppen einzustufen. Einwanderergruppen versuchen demzufolge in wachsendem Maße, eine mehr oder weniger vollständige Palette gesellschaftlicher Institutionen – Bildungseinrichtungen, ökonomische, rechtliche und politische Institutionen – aufzubauen und aufrechtzuerhalten, die ihre eigene Muttersprache verwenden, was ihnen letztlich ermöglicht zu prosperieren, ohne sich in die gesellschaftlichen Institutionen der mehrheitlich vertretenen Nation zu integrieren.[1]

Ich glaube aber, daß es ein Fehler ist, die sogenannte »ethnische Wiederbelebung« in den wichtigsten Einwanderungsländern des Westens (Kanada, die USA und Australien) als Beweis dafür zu sehen, daß der Wunsch nach gesellschaftlicher Integration aufgegeben wird. Meiner Ansicht nach spiegeln die *ethnische Wiederbelebung* und die von ihr angeregte Politik des *Multikulturalismus* einen Wandel in den Bedingungen der Integration, nicht eine Ablehnung der Integration.

Ich werde hier auf eine Reihe politischer Strategien eingehen, die mit dem Multikulturalismus verbunden sind, um herauszufinden, wie jede einzelne dieser politischen Strategien die Bestrebungen von Einwanderergruppen und ihre Fähigkeit zur Institutionenbildung beeinflußt. Unter »Politik des Multikulturalismus« verstehe ich eine Reihe von faktischen – oder zumindest vorgeschlagenen – Vorgehensweisen auf verschiedenen Ebenen, mit denen der ethnokulturellen Identität und den Verhaltensformen von Einwanderergruppen Rechnung getragen werden soll. Einige dieser Vorgehensweisen stützen sich auf die formale Gesetzgebung, sei es auf der föderalen, einzelstaatlichen oder lokalen Ebene, andere entstanden durch Initiativen in öffentlichen und privaten Einrichtungen wie beispielsweise Schulen oder Betrieben.

Solche Vorgehensweisen sind in Kanada und andernorts einer wachsenden Gegenreaktion ausgesetzt. Meiner Meinung nach ist Feindseligkeit unangebracht oder zumindest verfrüht. Wir wissen noch nicht genau, wie sich diese Politik auf die Integration von Einwanderern auswirkt. Ob sich die Integrationsbereitschaft von Einwanderern verändert, könnte eine schlicht empirisch zu beantwortende Frage sein. Dazu sollten wir einfach das relevante Zahlenmaterial heranziehen. Im kanadischen Kontext sollten wir zum Beispiel fragen: Ist die Zahl der Einwanderer, die Kurse für Englisch als Fremdsprache belegen, niedriger als vor 25 oder 50 Jahren? Ist die Zahl der Einwanderer, die ein Einbürgerungsverfahren abschließen und die kanadische Staatsbürgerschaft erwerben, heute niedriger als früher? Gehören Einwanderer im Vergleich zu früher heute häufiger ethnischen Vereinigungen an? Und ist der Prozentsatz der Kinder und Enkel von Einwanderern, die ihre ursprüngliche Muttersprache noch beherrschen, höher als vor 25 oder 50 Jahren? Ist die Zahl der Eheschließungen mit Partnern anderer ethnischer Gruppen heute niedriger als früher?

Wenn wir uns die Zahlen ansehen, können wir über mangelnde Deutlichkeit kaum klagen. Gemessen an jedem beliebigen dieser Kriterien, hat die Integrationsneigung von Einwanderergruppen seit der Einführung des *Multikulturalismus* als offizieller Politik des kanadischen Staates im Jahr 1971 nicht nachgelassen. Die Zahl der Mitgliedschaften in ethnokulturellen Vereinigungen und die Einbürgerungsquoten haben sich nicht signifikant verändert. Der Multikulturalismus hat weder die Tendenz zur Exogamie in der zweiten und dritten Generation bremsen noch dem offenbar unaufhaltsamen Trend zur stetig abnehmenden Sprachkompetenz in der Ursprungssprache bei der nachfolgenden Generation gegensteuern können. Viele dieser Kriterien deuten eher darauf hin, daß die Integrationsneigung zunimmt. Die Nachfrage nach Sprachkursen zum Beispiel verzeichnet Rekorde und übersteigt bei weitem das Angebot.

Wenn wir uns die Zahlen ansehen, haben wir nicht den geringsten Beweis dafür, daß der Multikulturalismus in Kanada dem ethnischen Separatismus Vorschub leistet. Das gleiche gilt für die Auswirkung des Multikulturalismus auf Einwanderer in den USA.[2] Viele kritische Interpreten vertreten dennoch die Ansicht, diese Zahlen seien irreführend. Zum einen, so die Begründung, dürfte es noch zu früh sein, um die Folgen des Multikulturalismus beurteilen zu können. Die Folgen werden vielleicht erst dann absehbar sein, wenn ein oder zwei Generationen mit der Politik und Ideologie des Multikulturalismus aufgewachsen sind. Außerdem entwickele sich die Politik des Multikulturalismus selbst zu einer alles umfassenden Dimension und gehe in eine ausgeprägt separatistische Richtung. Die Logik des Multikulturalismus fördere die Artikulation von unaufhörlich nachwachsenden Ansprüchen bei zahllosen Gruppen, von denen es ständig mehr gebe, und gerade diese neueren Ansprüche gefährdeten die Integration.

Um die Auswirkungen des Multikulturalismus richtig einschätzen zu können, dürfen wir daher nicht bloß auf die Zahlen im ganzen schauen. Wir müssen auch einzelne Vorgehensweisen untersuchen, um deren potentielle Ziele und Konsequenzen zu verstehen und die Trends zu ermitteln, zu denen sie beitragen. In Abschnitt 4 werde ich eine Anzahl neuerer Strategien des Multikulturalismus in diesem Sinne genauer prüfen.

Die Beurteilung der Motivlagen und Konsequenzen dieser Strategien ist notwendig spekulativ und Gegenstand kontroverser Debatte und Interpretation. Ich bin allerdings der Meinung, wir können diese Fragen ein wenig klären, wenn wir der Versuchung widerstehen, die multikulturellen Strategien in einem Vakuum zu betrachten. Kritiker wie Verteidiger des Multikulturalismus reden oft so, als läute die Einführung des *Multikulturalismus* eine vollkommen neue Ära ethnischer Beziehungen ein, weil die staatlichen Grundsätze, die zuvor die Geschichte der Einwanderung geprägt hatten, in ihr Gegenteil verkehrt würden.

Dieses Bild täuscht. Die staatlichen Grundsätze, die die Integration von Einwanderern in der Vergangenheit unterstützt haben, bleiben in vieler Hinsicht in Kraft. Der *Multikulturalismus* ist nicht die einzige Regierungspolitik, wie manche meinen, die auf die Integration von Einwanderern Einfluß nimmt. Tatsächlich ist der Multikulturalismus nicht die einzige – und nicht einmal die wichtigste – Politik, die integrationsbezogene Entscheidungen beeinflußt. Er ist nur ein kleiner Teil des Ganzen. Viele Aspekte staatlichen politischen Handelns beeinflussen die Integration von Einwanderern, darunter Regelungen, die die Naturalisierung, Bildung, die berufliche Qualifizierung und fachliche Akkreditierung, die Gesundheit und Sicherheit und sogar die nationale Verteidigung betreffen.

Die Behauptung, der Multikulturalismus fördere den ethnischen Separatismus, verdankt sich weitgehend mangelnder Einsicht, wie der Multikulturalismus in diesen größeren Zusammenhang der Regierungspolitik hineingehört. Ich diskutiere also die Frage, wie dieser größere Rahmen staatlicher Regelungen die soziokulturelle Integration von Einwanderern beeinflußt und warum er auch weiterhin eine beherrschende Rolle spielt. Es wird deutlich werden, daß die integrationsfördernden Kräfte nach wie vor übermächtig sind und der *Multikulturalismus* am besten so zu verstehen ist, daß er lediglich die Integrationsbedingungen neu formuliert – und das häufig (nicht ausnahmslos) in einer vollkommen angemessenen und wünschenswerten Weise.

Die Wahl zwischen Integration oder Selbstverwaltung

U<small>M VERSTEHEN ZU</small> können, welche Wahlmöglichkeiten die Einwanderer haben, müssen wir uns in Erinnerung rufen, wie das Programm zur Nationenbildung vor sich geht. Im ersten Teil hatte ich davon gesprochen, daß Entscheidungen in bezug auf die Amtssprache, den Rahmenlehrplan für Schulen und die Anforderungen für den Erwerb der Staatsbürgerschaft von der ausdrücklichen Absicht getragen waren, eine bestimmte gesellschaftliche Kultur in der gesamten Gesellschaft zu verbreiten und eine bestimmte nationale Identität zu fördern, die sich auf die Zugehörigkeit zu dieser gesellschaftlichen Kultur und auf die Teilhabe daran gründet. In den USA wird zum Beispiel im Rahmen der rechtlichen Voraussetzungen für den Erwerb der Staatsbürgerschaft von den Einwanderern (unter 50 Jahren) verlangt, Englisch zu lernen und sich mit der amerikanischen Geschichte vertraut zu machen. Es ist gesetzlich vorgeschrieben, daß Schulkinder in Englisch und amerikanischer Geschichte unterrichtet werden; eine de facto-Voraussetzung für die Beschäftigung im Staatsdienst sind die Englischkenntnisse des Bewerbers; Gerichtsverfahren und andere behördliche Tätigkeiten werden gewöhnlich nur in Englisch durchgeführt; die daraus hervorgehenden Gesetze und amtlichen Formulare werden normalerweise in Englisch vorgelegt.

Das bedeutet, daß die Einwanderer vor eine Wahl gestellt sind. Wenn alle öffentlichen Einrichtungen mit einer anderen Sprache arbeiten, laufen die Einwanderer Gefahr, von den wichtigeren ökonomischen, akademischen und politischen Institutionen der Gesellschaft ausgeschlossen zu werden. Um die dauernde Marginalisierung zu vermeiden, müssen sich die Einwanderer entweder in die Mehrheitskultur integrieren oder solche Rechte und Befugnisse der Selbstverwaltung anstreben, die sie zur Wahrung ihrer eigenen gesellschaftlichen Kultur brauchen – das heißt, sie müssen ökonomische, politische und Bildungsinstitutionen schaffen, die sich ihrer eigenen Sprache bedienen.

Nicht alle Einwanderergruppen wollen die dauernde Marginalisierung überhaupt vermeiden. Die Hutterer in Kanada oder die Amische in den Vereinigten Staaten sind dafür ein Beispiel. Eine attraktive Lösung stellt die Akzeptanz der Marginalisierung aber nur für religiöse Sekten dar, deren Theologie das Gebot enthält, jeden Kontakt mit der modernen Welt zu meiden. Die Hutterer und die Amische kümmert es nicht, wenn sie in Universitäten oder gesetzgebenden Körperschaften marginal vertreten sind, weil sie solche *weltlichen* Institutionen für verdorben halten.

So gut wie alle anderen ethnokulturellen Minderheiten streben jedoch danach, an der modernen Welt zu partizipieren. Und dazu müssen sie sich entweder integrieren oder die Selbstverwaltung anstreben, um moderne Institutionen in eigener Regie zu errichten und aufrechtzuerhalten. Wie ich bereits festgestellt habe, sind es charakteristischerweise nationale Minderheiten, die für Selbstverwaltung kämpfen, während Einwanderer historisch gesehen die Integration in die bestehende gesellschaftliche Kultur akzeptieren.[3] Die Geschichtsschreibung kennt wenige (wenn überhaupt) Fälle von Einwanderergruppen in westlichen Demokratien, die zum Zweck der Selbstverwaltung oder staatlichen Abspaltung nationalistische Bewegungen gebildet hätten.

Einige sind der Meinung, die Strategien des *Multikulturalismus* seien ein Versuch, genau dahingehend Unterstützung zu leisten. Ich halte das für ein Mißverständnis. Man täuscht sich darüber, was eine ethnokulturelle Gruppe tatsächlich braucht, um eine unabhängige Nationalkultur schaffen und erhalten zu können. Für einen solchen Separatismus wären einschneidende Veränderungen auf praktisch allen Gebieten staatlicher Politik und in allen politischen Institutionen erforderlich – Forderungen, die noch keine Einwanderergruppe je gestellt hat und die keine Regierung eines Gastlandes auch nur ernsthaft in Erwägung ziehen würde.

Was würde ein Separatismus voraussetzen?

HEUTE HERRSCHT BEUNRUHIGUNG darüber, daß die Einwanderer die ehemals übliche Tendenz zur Integration nicht mehr zeigen und nach etwas streben, was den Rechten und Befugnissen nationaler Minderheiten ähnlich ist. Ich glaube, das ist ein echtes Mißverständnis. Richtig ist, daß heute einige Einwanderergruppen im Westen gewisse Gruppenrechte fordern, die in den Bereich des *Multikulturalismus* gehören. Falsch ist es, den Multikulturalismus, der von den Einwanderern gefordert wird, als Ausdruck eines protonationalistischen Wunsches nach Selbstverwaltung zu interpretieren. Im Gegenteil, wenn wir uns den Gehalt dieser Politik des Multikulturalismus genauer anschauen, so ist sie nicht gegen die Integration gerichtet, sondern flankiert diese.

Bevor ich auf bestimmte politische Vorgehensweisen eingehe, lohnt es sich, darüber nachzudenken, welche Voraussetzungen überhaupt erfüllt sein müßten, damit eine ethnokulturelle Minderheit ihre eigene gesellschaftliche Kultur in einem größeren Staat auf Dauer etablieren könnte. Der Gedanke, der Multikulturalismus könnte Einwanderergruppen in die Lage versetzen, ihre eigenen gesellschaftlichen Kulturen zu bilden und zu erhalten, gründet sich meiner Ansicht nach auf die Unkenntnis davon, was mit einem solchen Projekt tatsächlich verbunden ist. Tatsache ist, daß die Aufrechterhaltung einer separaten gesellschaftlichen Kultur in einem modernen Staat ein ungeheuer ehrgeiziges und aufwendiges Vorhaben ist.

Wir können uns einen Eindruck davon verschaffen, wenn wir nachvollziehen, was die Québécois tun mußten, um ihre gesellschaftliche Kultur zu wahren. Die erste Forderung ging dahin, den Kindern zu ermöglichen, französischsprachige Schulen zu besuchen. Das ist ein entscheidender Schritt zur Reproduktion einer gesellschaftlichen Kultur, denn damit ist die Weitergabe der Sprache und der mit ihr verbundenen Traditionen und Konventionen an die nächste Generation gesichert.

Dadurch waren aber noch längst keine öffentlichen Institutionen französischer Sprache geschaffen oder erhalten worden. Gewährleistet war nur, daß die Kinder die Sprache erlernen, nicht jedoch, daß sie auch Gelegenheit haben würden, diese im öffentlichen Leben anzuwenden. Wie bereits erwähnt, können Sprachen in modernen industrialisierten Gesellschaften nur schwer überleben, wenn sie im öffentlichen Leben keine Verwendung finden – das heißt, wenn sie in den politischen, ökonomischen und akademischen Institutionen keine Rolle spielen. Durch die hohen Anforderungen an Lese- und Schreibfertigkeiten im Beruf und die wiederkehrende Interaktion mit staatlichen Stellen ist jede Sprache ohne öffentlichen Gebrauch zur Bedeutungslosigkeit verurteilt. Sie kann nur im Kreis einer kleinen Elite, in abgelegenen ländlichen Gemeinden oder in einer ritualisierten Form überleben, nicht aber als lebendige, entwicklungsfähige Sprache, die einer geschäftigen Kultur zugrunde liegt.

Die Québécois haben deshalb auch für eine Reihe grundlegender positiver Rechte gekämpft, die ihnen den Gebrauch ihrer eigenen Sprache im Umgang mit den Ämtern und Behörden ausdrücklich zusichern – in den Gerichten, den gesetzgebenden Organen, den Einrichtungen des Sozialstaats, im Gesundheitswesen usw. Allerdings reicht auch das nicht aus, weil der Umgang mit dem Staat lediglich episodischen Charakter hat. Der ausschlaggebende Faktor für die Reproduktion einer gesellschaftlichen Kultur ist die Möglichkeit, die eigene Sprache im Berufsalltag sprechen zu können.

Die Québécois haben daher das Recht angestrebt, ihre Sprache im Staatsdienst gebrauchen zu dürfen. Es ist daran zu erinnern, daß der Staat selbst einer der größten Arbeitgeber ist. In modernen Staaten machen die öffentlichen Ausgaben oft bis zu 50 % der Wirtschaftsleistung aus. Um zu überleben, müssen minoritäre Gruppen daher einen gerechten Anteil an Stellen im öffentlichen Dienst und an Regierungsaufträgen bekommen. Nehmen wir zum Beispiel die Armee. In vielen Ländern ist die Armee ein wichtiger Arbeitgeber, und der Militärdienst ist natürlich oft nicht freiwillig, sondern Pflicht. Wenn alle Einheiten der Armee die Sprache der Mehrheit verwenden, wird der Militärdienst zu einem entscheidenden Instrument für die Integration von Minderheiten. Das gilt zum Beispiel für Israel, wo der Militärdienst die wichtigste Institution ist, um Einwanderer in die hebräischsprachige Gesellschaft zu integrieren. Auch in Frankreich war das Militär eine zentrale Institution im Integrationsprozeß. Eine inzwischen klassische Studie hat nachgewiesen, daß die Verbreitung der französischen Sprache – die noch zur Zeit der Französischen Revolution größtenteils auf Paris beschränkt war – in erster Linie das Ergebnis des Umstands war, daß die Wehrpflichtigen Französisch lernen mußten. Die Armee war deshalb entscheidend daran beteiligt, *aus Bauern Franzosen zu machen*.[4]

Eine Minderheit, die sich damit zufriedengibt, ihre Marginalisierung hinzunehmen, kann die Integration vermeiden, indem sie sich vom Militärdienst befreien läßt. Das gilt zum Beispiel für die Hutterer. Wenn eine Minderheit jedoch eine moderne nationale Gesellschaft aufrechterhalten will, wird sie statt dessen fordern, daß sich auch Armee-Einheiten ihrer

Sprache bedienen. Die Québécois haben daher das Recht erstritten, die militärische Ausbildung und ganze Einheiten des Heeres in französischer Sprache zu organisieren.

Das gleiche gilt für alle anderen Beschäftigungen im Staatsdienst, von den Lebensmittelprüfern bis zu den Steuerfachleuten. In allen diesen Fällen muß ein Teil der öffentlichen Verwaltung in der Sprache der Minderheit abgewickelt werden. Es genügt nicht, daß man mit dem Staat in der eigenen Sprache interagieren kann. Da der Staat in der Rolle des größten Arbeitgebers auftritt, müssen Minderheiten in ihrer je eigenen Sprache für den Staat arbeiten dürfen. Der Staat ist indes nicht der einzige große Arbeitgeber. Deswegen wurden beträchtliche Anstrengungen unternommen, um zu erreichen, daß Französisch selbst in Privatbetrieben die am Arbeitsplatz gebräuchliche Sprache ist. Das ist ein wichtiges und im großen und ganzen erfolgreiches Charakteristikum der Sprachenrechte Quebecs.

Dies wiederum geht mit dem Erfordernis einher, daß die Minderheit ihr höheres Bildungssystem selbst aufbaut und betreibt – also nicht einfach nur die Grundstufe und Sekundarstufe des Schulwesens, sondern bis hinauf zu den Universitäten und berufsbildenden Schulen. Die minoritäre Gruppe muß in der Lage sein, eigene Ärzte, Wissenschaftler und Fachleute selbst auszubilden, um die öffentlichen Einrichtungen und privaten Arbeitsplätze mit Personal zu versorgen. Infolgedessen kommt es zu der nachdrücklichen Forderung, französischsprachige Universitäten und Colleges einzurichten.

Die Erfordernisse, die zur Wahrung einer Nationalkultur erfüllt sein müssen, gehen sogar noch weiter. Auch Entscheidungen hinsichtlich der Zuwanderung und Einbürgerung beeinflussen die Lebensfähigkeit gesellschaftlicher Kulturen. Die Einwanderung kann eine Kultur so lange stärken, wie der Zustrom reguliert wird und die Einwanderer angehalten sind, sich mit Sprache und Geschichte der Nation vertraut zu machen. Wenn sich aber die kanadischen Zuwanderer in die anglophone Kultur der Mehrheit integrieren, wird der Anteil der Québécois an der Gesamtbevölkerung weiter sinken, und demzufolge wird auch ihr Einfluß im politischen Leben ständig abnehmen, auf föderaler Ebene genauso wie in Quebec selbst. Eine Minderheit, die eine eigenständige gesellschaftliche Kultur erhalten will, muß deshalb eine gewisse Kontrolle über die Einwanderungspolitik ausüben können. Und die Steuerung der Einwanderung ist seit jeher ein entscheidender Programmpunkt des modernen Nationalismus von Quebec – einschließlich des Rechts, eigene Einwanderungskriterien zu definieren (die französischsprachige Zuwanderer begünstigen), eigene Zielgrößen festzusetzen (auf der Grundlage von Berechnungen zur Aufnahmefähigkeit der Gesellschaft) und sogar eigene Beamte der Einwanderungsbehörde nach Übersee zu entsenden.

Die historische Erfahrung der Québécois legt also nahe, daß eine Minderheit ihre gesellschaftliche Kultur nur dann aufrechterhalten kann, wenn sie in bezug auf die Sprache, das Bildungswesen, die Beschäftigung im Staatsdienst und die Einwanderung wesentliche Befugnisse hat. Wenn die Minderheit in einem dieser Punkte überstimmt werden kann, ist die Aussicht, ihre eigene gesellschaftliche Kultur zu erhalten, ernsthaft gefährdet. Die Angehörigen der Minderheit können diese Befugnisse jedoch nur dann wahrnehmen, wenn sie ein Forum kollektiver Beratung und Beschlußfassung haben. Das heißt, es muß eine politische Körperschaft oder ein politisches Gremium geben, in dem sie über die Entscheidungsgewalt verfügen.

Diese Einsicht spiegelt sich im Engagement der Québécois für den Föderalismus, das heißt für ein System, in dem die Macht dezentral auf föderale Untereinheiten verteilt ist und dessen Grenzen so gezogen sind, daß die Québécois in einer dieser Untereinheiten die Mehrheit bilden. Aber so, wie die Minderheit fürchtet, in bestimmten Fragen zur Einwanderung oder Bildung überstimmt zu werden, so fürchtet sie auch, bei Änderungen der föderalen Gewaltenteilung oder der Grenzziehung innerhalb des föderalen Systems überstimmt zu werden. Daraus ergibt sich die traditionelle Forderung der Québécois, die Grenzen ihrer Provinz und ihre Gesetzgebungsbefugnisse sollten selbst noch einmal verfassungsrechtlich garantiert sein, so daß die englischsprachige Mehrheit die Selbstverwaltungsrechte nicht einseitig aufkündigen kann.

Damit ist nur kurz skizziert, welche Maßnahmen die Québécois für notwendig erachteten, um ihre gesellschaftliche Kultur angesichts der englischsprachigen Mehrheit Kanadas wahren zu können. Man könnte weitere Mittel und Wege aufzählen, von zweisprachigen Warenetiketten bis zur zweisprachigen Währung. Einige halten noch rigorosere Maßnahmen für nötig – vom ehemals geltenden Beschilderungsgesetz bis zur wirklich vollzogenen Trennung –, was meines Erachtens unbegründet ist.

Jeder Beobachter würde jedoch zustimmen, daß *la survivance* in Quebec von einer ganzen Reihe sehr grundsätzlicher Voraussetzungen abhing: vom französischsprachigen Unterricht, nicht nur in der Kindheit, sondern auch im höheren Bildungswesen; – von dem Recht, die eigene Sprache nicht nur im Umgang mit Behörden, sondern täglich bei der Arbeit gebrauchen zu können, gleichgültig, ob im öffentlichen Dienst oder in der Privatwirtschaft; – nicht bloß von dem Recht, das französischsprachige Einwanderer davon befreit, Englisch lernen zu müssen, wenn sie die Staatsbürgerschaft beantragen, sondern auch von dem Recht, Einwanderer auswählen, integrieren und naturalisieren zu dürfen; – nicht nur von dem Recht auf einen fairen Anteil an der politischen Macht auf föderaler Ebene, sondern auch von dem Recht auf Selbstverwaltung, das in einer verfassungsrechtlich definierten föderalen Untereinheit konkret wird, die über die Entscheidungsgewalt hinsichtlich der Bildung, Beschäftigung und Einwanderung verfügt.

Etwas Ähnliches ließe sich über die Voraussetzungen sagen, die erfüllt sein mußten, um eine eigenständige gesellschaftliche Kultur in Puerto Rico, Flandern oder Katalonien zu erhalten, oder über die Voraussetzungen zur Erhaltung indigener Gesellschaften in Kanada und in anderen Teilen der Welt. Es ist wichtig, sich klarzumachen, wie aufwendig diese Bemühungen zur Sicherung der kulturellen Reproduktion sind. Die Wahrung einer gesellschaftlichen Kultur in der modernen Welt ist keine Frage der Veranstaltung jährlicher Ethnofestivals oder von ein paar Jahren muttersprachlichen Unterrichts im Kindesalter. Vielmehr müssen öffentliche Institutionen geschaffen und unterhalten werden, die eine Minderheitengruppe in die Lage versetzen, durch den Gebrauch der eigenen Sprache an der modernen Welt zu partizipieren.

Anders gesagt, es reicht nicht aus, wenn sich eine Minderheit den Bemühungen der Mehrheit widersetzt, eine einzige, gemeinsame Sprache verbindlich zu machen. Die Minderheit muß sich für die eigene, alternative Form der modernen, staatlich geförderten Nationenbildung einsetzen. Die Nationalisten in Quebec haben erkannt, daß sie zur Erhaltung ihrer Nationalkultur eine allen gemeinsame Kultur und Sprache in ihrer Gesellschaft verbreiten müssen, so daß die Chancengleichheit verbessert und die politische Solidarität begünstigt wird. Und dazu müssen sie sich derselben Mittel bedienen, die die majoritäre Nation in ihrem Programm der Nationenbildung verwendet – nämlich ein standardisiertes öffentliches Bildungswesen, eine oder mehrere Amtssprachen, Sprachkenntnisse als Bedingung für den Erwerb der Staatsbürgerschaft und die Beschäftigung im Staatsdienst usw. Das Streben nach Erhalt einer gesellschaftlichen Kultur in der modernen Welt ist deshalb eine im höchsten Maße *politische* Angelegenheit, die die Nutzung und Kontrolle einer Vielzahl politischer Befugnisse und Institutionen verlangt.

Wie ich bereits erwähnte, belegt die historische Erfahrung

93

sowohl für Kanada als auch für andere Länder, daß man die Fähigkeit und Motivation, ein derartig ehrgeiziges Projekt in Angriff zu nehmen, nicht bei Einwanderergruppen, sondern nur bei nationalen Minderheiten feststellen kann. Im folgenden Abschnitt werde ich erläutern, warum es keinen Grund zu der Annahme gibt, daß die Politik des Multikulturalismus dieses Muster ändern wird.

Multikulturalismus und gesellschaftliche Integration

NUN, DA WIR eine klarere Vorstellung davon haben, was es mit der Wahl zwischen Integration und Separatismus auf sich hat, können wir zu unserer ursprünglichen Frage zurückkehren. Wie wirkt sich die Politik des Multikulturalismus auf integrationsbezogene Entscheidungen von Einwanderern aus?

Unter *Multikulturalismus* werden oft ganz verschiedene Dinge verstanden. Deshalb möchte ich zunächst klären, an welche Arten politischen Handelns ich dabei denke. Die folgende Liste umfaßt neun Vorgehensweisen, die in der öffentlichen Debatte in Kanada häufig unter der Rubrik des Multikulturalismus diskutiert werden:

1. Gezielte Förderungsmaßnahmen, mit denen der Anteil erkennbarer Minderheiten (oder von Frauen oder von Behinderten) in den wichtigeren Institutionen des Bildungswesens und der Wirtschaft erhöht werden soll;

2. Änderung der Lehrpläne für die Fächer Geschichte und Literatur an öffentlichen Schulen, damit den ethnokulturellen Minderheiten als historischen und kulturellen Protagonisten größere Anerkennung zuteil wird;

3. Neuordnung der Werktage und Stundenpläne unter Einbe-

ziehung der religiösen Feiertage von Einwanderergruppen. Manche Schulen legen zum Beispiel die Berufsorientierungstage auf hohe jüdische oder muslimische Feiertage. Zudem sind jüdische und muslimische Geschäfte vom Sonntagsverkaufsverbot auszunehmen;

4. Änderung von Kleidervorschriften, um die religiösen Überzeugungen von Einwanderergruppen zu berücksichtigen. Eine Einschränkung der RCMP (Königlich kanadische berittene Polizei)-Kleidungsvorschrift zum Beispiel, so daß Sikhs ihren Turban tragen können, oder die Befreiung der Sikhs von der Motorradhelmpflicht bzw. von den Helmvorschriften auf Baustellen;

5. Antirassistische Unterrichtseinheiten im Bildungswesen;

6. Normen für das Verhalten am Arbeitsplatz oder in der Schule, die den Kollegen bzw. Schülern Äußerungen untersagen, die eine rassistische (sexistische, homosexuellenfeindliche) Belästigung darstellen;

7. Staatliche Finanzierung ethnischer Kulturfestivals und ethnischer Forschungsprogramme;

8. Angebot bestimmter Dienstleistungen in der Muttersprache erwachsener Einwanderer, anstatt ihnen Englisch- oder Französischkenntnisse als Vorbedingung für den Zugang zu öffentlichen Dienstleistungen abzuverlangen;

9. Angebot eines zweisprachigen Unterrichts für Kinder von Einwanderern, so daß ihre ersten Schuljahre – als Übergangsphase zum späteren Unterricht der Sekundarstufe oder der weiterführenden Bildung, die Englisch oder Französisch voraussetzen – teilweise muttersprachlich geprägt sind.

Es handelt sich hier natürlich bloß um eine kleine Auswahl von Fragen, die unter dem Etikett des Multikulturalismus debattiert werden. Sie scheinen mir aber für die Beurteilung der Integrationsproblematik besonders relevant zu sein.

Es erübrigt sich, daran zu erinnern, daß es im Zusammenhang mit bestimmten politischen Inhalten des Multikulturalismus außer der Integration noch andere wichtige Fragen gibt. Für einige Strategien des Multikulturalismus erhebt sich zum Beispiel die Frage nach dem Verhältnis zwischen dem Multikulturalismus und individuellen Rechten. Wenn empfohlen wird, Ärzten die Durchführung der sogenannten weiblichen Beschneidung zu ermöglichen, oder wenn es heißt, man solle Ehemännern, denen die Mißhandlung ihrer Ehefrau vorgeworfen wird, die »Kultur« als Rechtfertigungsgrund zugestehen, liegt darin ein wesentliches Problem.

Diese Vorgehensweisen sind nicht deshalb Gegenstand allergrößter Bedenken, weil sie die gesellschaftliche Integration von Einwanderergruppen unter dem Gesichtspunkt ihrer Partizipation an den regulären ökonomischen, akademischen und politischen Institutionen unmittelbar beeinträchtigen, sondern weil sie eine Verweigerung individueller Rechte beinhalten.

Damit stellt sich, unabhängig von den bisher diskutierten Fragen, eine Reihe weiterer Probleme. In meinem letzten Buch habe ich diese Thematik ausführlich diskutiert.[5] Lassen Sie mich hier aber kurz erwähnen, daß ein liberaler Staat meiner Ansicht nach jedweder multikultureller Politik zwei unverhandelbare Grenzen setzen muß: Der Multikulturalismus muß die Gleichheit zwischen den Gruppen und die Freiheit innerhalb der Gruppen respektieren. Das heißt, die Politik des Multikulturalismus darf keiner Gruppe zugestehen, eine andere Gruppe zu unterdrücken, und sie darf nicht zulassen, daß irgendeine Gruppe ihre eigenen Mitglieder unterdrückt, indem sie ihnen die bürgerlichen und politischen Grundrechte kürzt.

Der Fall, der die Verletzung des Prinzips der Gleichheit zwischen den Gruppen am klarsten verkörpert, ist die Apartheid in Südafrika. Im Apartheidstaat verfügten 20 % der Bevölkerung über 87 % des Bodens und hatten die politische Macht vollständig monopolisiert. Die Einwanderergruppen in Kanada halten jedoch keinen ungerechten Anteil an den wirtschaftlichen Ressourcen oder der politischen Macht (und streben ihn auch nicht an). Die Behauptung, eine Einwanderergruppe könnte die Politik des Multikulturalismus dazu ausnutzen, andere Kanadier wirtschaftlich auszubeuten oder politisch zu unterjochen, ist meines Erachtens unglaubwürdig.

Sehr viel bedenklicher ist hingegen die Gefahr der gruppeninternen Unterdrückung. Denn genau diese Gefahr besteht, wenn man »Kultur« als Ausrede für häusliche Gewalt akzeptiert, wenn man die Genitalverstümmelung von Frauen und Mädchen hinnimmt oder das muslimische Familienrecht anerkennt. Ein solches politisches Handeln ist schlicht unvereinbar mit der Freiheit des Individuums, der Gleichheit der Bürger und den Menschenrechten als Wert liberaler Verfassungen.[6]

Mein Hauptinteresse in diesem Teil richtet sich allerdings auf die Integrationsfrage, weshalb ich mich auf die neun oben angeführten Punkte konzentrieren werde. Jede der genannten politischen Vorgehensweisen bringt ihre eigenen, unverwechselbaren Probleme mit sich. Es ist daher äußerst irreführend, von der »Auswirkung des Multikulturalismus« im allgemeinen zu sprechen, so als hätten alle diese Vorgehensweisen dieselben Beweggründe und Konsequenzen. Wenn man das sagt, muß man jedoch hinzufügen, daß keine dieser Strategien – weder für sich betrachtet noch im Verbund – irgend etwas beinhaltet, was an ein Programm zur Nationenbildung heranreichen könnte.

Keine dieser Strategien hat die Einrichtung von spanischsprachigen Armee-Einheiten oder von Universitäten vietnamesischer Sprache zum Ziel. Und keine von ihnen hat die Schaffung politischer Untereinheiten zum Gegenstand, die beispielsweise die Ukrainer in die Lage versetzen würde, Selbstverwaltungskompetenzen in bezug auf die Beschäftigung im Staatsdienst oder die Einwanderung umzusetzen. Maßnahmen dieses Typs sind noch von keiner dieser Einwanderergruppen gefordert worden.

Man könnte meinen, daß die existierenden Strategien des Multikulturalismus die ersten Schritte in Richtung eines protonationalistischen Projekts sind, welches der Bestandserhaltung einer unabhängigen gesellschaftlichen Kultur dient und von der Integration wegführt. Wie ich noch erläutern werde, halte ich das für eine unglaubwürdige Interpretation solcher Forderungen. In Wirklichkeit fördern und vertiefen die meisten von ihnen die gesellschaftliche Integration von Einwanderern.

Stellen wir uns um des Arguments willen einmal vor, eine Einwanderergruppe in Kanada – sagen wir, die Somalis – wollte tatsächlich ihre eigene gesellschaftliche Kultur aufbauen und erhalten. Es lohnt sich, deutlich zu machen, wie viel weiter eine solche Gruppe gehen müßte, um sich die entsprechende institutionelle Ausstattung und die nötigen politischen Befugnisse zu verschaffen.

Theoretisch ist es sicherlich möglich, daß die Somalis zu einer nationalen Minderheit werden, wenn sie geschlossen siedeln und Befugnisse der Selbstverwaltung erlangen. Schließlich war genau das der Fall der englischen Kolonisten im gesamten britischen Weltreich, der spanischen Kolonisten in Puerto Rico und der französischen Kolonisten in Quebec. Diese Kolonisten sahen sich selbst nicht als *Einwanderer,* da sie nicht vorhatten, sich in eine andere Kultur zu integrieren. Vielmehr beabsichtigten sie, ihre Herkunftsgesellschaft in einem neuen Land zu reproduzieren. Die Kolonisierung zielt charakteristischerweise darauf ab, eine institutionell vollständige Gesellschaft zu errichten, statt, wie bei der Auswanderung einzelner, die Integration in eine bestehende Gesellschaft zu vollziehen. Prinzipiell wäre es möglich, den somalischen Einwanderern einen Freibrief zu geben, sich als Kolonisten zu betrachten, oder sie in diesem Sinne zu ermuntern.

Überlegen wir einmal, was damit alles verbunden wäre. Wie wir gesehen haben, verlangt die Reproduktion einer gesellschaftlichen Kultur nicht nur, daß Kinder an öffentlichen Schulen in Somali unterrichtet werden, sondern auch, daß Univer-

99

sitäten somalischer Sprache gegründet werden. Sie verlangt nicht nur, daß für Stimmzettel oder Sozialhilfeformulare die somalische Sprache verwendet wird, sondern auch, daß Somali die Verkehrssprache am Arbeitsplatz sowie von Armee-Einheiten und Krankenhäusern ist. Außerdem dürften Somalis nicht nur im Parlament nicht unterrepräsentiert sein, sondern bräuchten eine politische Körperschaft, in der sie die Mehrheit stellen. Somalis müßten nicht nur davon ausgenommen sein, für den Erwerb der Staatsbürgerschaft Englisch oder Französisch zu lernen, sondern sie müßten auch zwecks Bestandserhaltung ihrer Gemeinschaft künftige Einwanderer auf der Grundlage ihrer Integration in die somalischsprachige Kultur auswählen und einbürgern dürfen.

Die schlichte Tatsache ist allerdings, daß keine der existierenden multikulturellen Strategien *irgendeine* öffentliche Institution hervorgebracht hat, die notwendig ist, um eine separate gesellschaftliche Kultur für Somalis oder eine beliebige andere Einwanderergruppe zu errichten und aufrechtzuerhalten. Von den akademischen, politischen oder ökonomischen Institutionen, die eine Einwanderergruppe befähigen würden, vermittels ihrer Muttersprache am modernen Leben teilzuhaben, ist keine einzige geschaffen worden. Wenn somalische, ukrainische oder vietnamesische Kanadier die Chancen nutzen möchten, über die die moderne Gesellschaft verfügt, müssen sie dies im Rahmen der ökonomischen, akademischen und politischen Institutionen oder anglophonen oder frankophonen gesellschaftlichen Kultur Kanadas tun.

Dies sollte nicht weiter überraschen, denn der Multikulturalismus hat keine der politischen Vorgehensweisen und Strukturen von staatlicher Seite ersetzt, die die gesellschaftliche Integration fördern. Es ist beispielsweise nach wie vor der Fall, daß Einwanderer eine der offiziellen Landessprachen erlernen müssen, um die Staatsbürgerschaft zu erwerben, um einen Oberschulabschluß zu erlangen, um in den Staatsdienst aufgenommen zu werden oder die berufsfachliche Akkreditierung zu erreichen. Wie ich gezeigt habe, sind dies die tragenden Säulen der staatlich geförderten Integration in liberalen Demokratien, und keiner von ihnen hat die Politik des Multikulturalismus in irgendeiner Weise geschadet. Es lag auch nicht in der Absicht dieser Politik, ihnen zu schaden.

Der Multikulturalismus hat von vornherein nicht intendiert, Einwanderergruppen zu befähigen oder zu unterstützen, sich zu nationalen Minderheiten zu entwickeln, und hätte diese Intention auch gar nicht haben können. Für die Regierungen wäre es ein inhärenter Widerspruch, Einwanderergruppen (vermittels Multikulturalismus-Politik) zur Bildung eigener gesellschaftlicher Kulturen anzuregen, gleichzeitig aber darauf zu bestehen (vermittels Bildungs-, Beschäftigungs- und Einbürgerungspolitik), daß Einwanderer eine der Amtssprachen beherrschen müssen, damit sie für die Staatsbürgerschaft, einen Schulabschluß, die Beschäftigung im Staatsdienst, die berufsfachliche Zulassung oder einen Gewerbeschein in Frage kommen.

Und selbst wenn die Regierungen diese widersprüchlichen Zielsetzungen irgendwie verfolgt hätten, wäre die zugunsten des Multikulturalismus ausgegebene Summe doch so verschwindend gering, daß sie im Vergleich zu den Staatsausgaben für Integrationsförderung keine nennenswerte Wirkung haben würde. Die 50 Millionen Dollar, die in Kanadas multikulturelle Maßnahmen fließen, sind ein Tropfen auf den heißen Stein gegenüber dem Milliarden-Dollar-Budget, das unmittelbar oder mittelbar der Integration zugute kommt.

Die Behauptung, die politischen Vorgehensweisen des Multikulturalismus seien erste Schritte zu unabhängigen öffentlichen Institutionen, ist deshalb gleich mehrfach grotesk: Die Politik des Multikulturalismus hat solche Institutionen in Wirklichkeit nicht hervorgebracht; und sie hätte die Bildung derartiger Institutionen ohne Untergrabung fest verankerter politischer Vorgehensweisen hinsichtlich Staatsbürgerschaft,

Bildung und Beschäftigung auch nicht anstreben können; abgesehen davon ist der Finanzierungsbetrag ohnehin viel zu gering, als daß man auch nur einen Bruchteil der Institutionen schaffen könnte, die für einen Separatismus nötig wären.

Dies schließt natürlich nicht aus, daß einige politische Führer ethnischer Gruppen die Hoffnung hegen, die Multikulturalismus-Politik werde ein Sprungbrett zu einer umfassenden separatistischen Politik sein. Wenn das so sein sollte, ist ihre Hoffnung vergeblich, weil sie massiv unterschätzt, welche Art von Unterstützung nötig ist, um eine separate gesellschaftliche Kultur aufzubauen und aufrechtzuerhalten. Es ist sinnvoller, das Offenkundige zu akzeptieren: Die Befürchtung, die Politik des Multikulturalismus werde dazu benutzt werden, Einwanderergruppen in die Lage zu versetzen, ihre eigenen gesellschaftlichen Kulturen beizubehalten, ist eine Kopfgeburt. Sie ist ein Hirngespinst ohne jegliche Grundlage in der Realität. Nicht in einem einzigen der großen Einwanderungsländer des Westens gibt es einen Beweis dafür, daß Zuwanderer nationale Minderheiten bilden wollen oder einen nationalistischen politischen Forderungskatalog aufstellen.

Wenn wir dieses Hirngespinst erst einmal los sind, können wir einen objektiveren Blick auf die wirklichen Absichten und Folgen der multikulturellen Strategien werfen. Wie ich zuvor schon feststellte, haben Minderheiten zwei Wahlmöglichkeiten, wenn eine nationalistische Bewegung, die für die Selbstverwaltung eintritt, nicht gewünscht wird oder undurchführbar ist: Sie können sich entweder in eine der vorhandenen gesellschaftlichen Kulturen integrieren oder die dauerhafte Marginalisierung hinnehmen – das heißt, sie leben dann in isolierten Enklaven, die nicht an der Gesellschaft partizipieren und denen die öffentlichen Institutionen fehlen, um eigene gesellschaftliche Kulturen bilden zu können.

Die grundsätzliche Frage bezogen auf die Politik des Multikulturalismus lautet, ob wir sie als integrativ oder als marginalisierend auffassen. Es gibt einige Beispiele von Gruppen, die die dauerhafte Marginalisierung akzeptieren – so die Hutterer oder die Duchoborzen. Aber ich hatte schon dazu bemerkt, daß diese Gruppen einmalig sind mit ihrem Wunsch, die moderne Welt zu meiden. Sie wollen weder Polizeibeamte, Ärzte, Ingenieure noch Mitglieder des Parlaments werden und sind daher nicht daran interessiert, über ihre eigenen politischen Bezirke oder Universitäten zu verfügen. Sie bilden die Ausnahme, die die Regel bestätigt, wonach das Partizipieren an der Moderne die Integration in eine gesellschaftliche Kultur verlangt.

Gibt die Politik des Multikulturalismus den Emigranten heute Anreize, als marginalisierte Gruppen zu leben wie die Hutterer? Oder revidiert sie nur die Bedingungen der Integration, indem sie die Einwanderer ermutigt, sich in die anglophone oder frankophone gesellschaftliche Kultur zu integrieren und gleichwohl ihre ethnische und religiöse Identität mit Stolz beizubehalten?

So gefragt, steht für mich fest, daß die meisten Vorgehensweisen des Multikulturalismus nicht marginalisierend sind, sondern integrativ. Wenn wir uns die neun oben aufgezählten Strategien genauer anschauen, werden wir sehen, daß die meisten von ihnen die Integrationsbedingungen lediglich neu formulieren. Die Liste besteht, stichwortartig noch einmal zusammengefaßt, aus folgenden Punkten:

1. Gezielte Förderung bestimmter Gruppen
2. Änderung des Lehrplans für die Fächer Geschichte und Literatur
3. Berücksichtigung religiöser Feiertage in Schulen und Betrieben
4. Einschränkung von Kleidervorschriften
5. Antirassistische Unterrichtseinheiten
6. Normen zur Vermeidung von Belästigung am Arbeitsplatz und in der Schule

7. Finanzierung ethnischer Kulturfestivals und Forschungsprogramme
8. Muttersprachliches Dienstleistungsangebot für erwachsene Einwanderer
9. Zweisprachiger Unterricht für Kinder von Einwanderern

Die Strategien 1−7 sind mit der Integration voll und ganz vereinbar, und die Strategien 8−9 können es, je nachdem, wie sie umgesetzt werden, ebenfalls sein.

Es würde zu weit führen, hier jede einzelne Vorgehensweise in allen Einzelheiten zu diskutieren. Um aber die Liste kurz zu kommentieren: Die gezielten Förderungsmaßnahmen sind unbestreitbar integrationistisch. Sie beabsichtigen ja gerade, die Zahl der Einwanderer zu erhöhen, die an den regulären Institutionen partizipieren, indem sie ihnen einen bestimmten Anteil an den Positionen in verschiedenen akademischen, ökonomischen oder politischen Institutionen sichern. Sie sind das genaue Gegenteil von Strategien, die den ethnischen Separatismus befördern.

Wenn die gezielte Förderung den Einwanderern helfen soll, in die regulären gesellschaftlichen Institutionen hineinzukommen, so sollen die nächsten fünf Strategien dafür sorgen, daß die Einwanderergruppen sich in diesen Institutionen wohler fühlen, sobald sie einmal darin sind. Das trifft offenkundig für Forderungen zu, die die Lehrpläne öffentlicher Schulen geändert sehen möchten, damit dem Anteil der Einwanderergruppen an der Geschichte mehr Anerkennung zuteil wird; oder für solche Forderungen, denen zufolge öffentliche Institutionen die religiösen Feiertage von Einwanderergruppen anerkennen sollen (bzw. die muslimischen und jüdischen Feiertage genauso wie die christlichen); oder für Forderungen nach Änderung offizieller Kleidervorschriften von Schulen, Arbeitsplätzen und Polizeitruppen, so daß Männer der Sikhs ihren Turban, jüdische Männer ihr Scheitelkäppchen oder muslimische Frauen ihren *hijab* tragen können; oder für Forderungen, man solle verunglimpfende Sprache unterbinden, damit Schulen und Arbeitsplätze für Menschen aller Rassen und Religionen eine freundliche Umgebung sind.

Keine dieser Vorgehensweisen ermutigt Einwanderergruppen, sich als separate Nationen mit Selbstverwaltung und eigenen öffentlichen Institutionen zu begreifen. Ganz im Gegenteil, sie wollen es den Mitgliedern von Einwanderergruppen erleichtern, an den regulären Institutionen der bestehenden Gesellschaft zu partizipieren. Die Einwanderergruppen erheben Anspruch auf mehr Anerkennung und Sichtbarkeit in der regulären Gesellschaft. Kurz gesagt, die genannten multikulturellen Strategien beinhalten eine Neuformulierung der Integrationsbedingungen, keineswegs eine Ablehnung der Integration per se.

Bis in die 6oer Jahre hinein erwartete man von Einwanderern nach Kanada (wie nach Australien und in die USA), daß sie ihr besonderes kulturelles Erbe abschütteln und sich den bestehenden kulturellen Normen anpassen. Dies ist als »Anglo-Konformitätsmodell« der Einwanderung bekannt. Einigen Gruppen wurde in der Tat die Aufnahme verweigert, weil sie als nicht integrierbar angesehen wurden (Beschränkungen gab es zum Beispiel für die Einwanderung von Chinesen nach Kanada und in die USA; Australien verfolgte eine »white-only«-Einwanderungspolitik). Die kulturelle Eingliederung wurde als unerläßlich für die politische Stabilität betrachtet und zusätzlich durch ethnozentrische Verunglimpfung anderer Kulturen gerechtfertigt.

Mit Beginn der 7oer Jahre wiesen alle drei Länder das Konformitätsmodell reiner Anpassung unter dem Druck von Einwanderergruppen zurück und bekannten sich zu einer toleranteren und pluralistischeren Politik, die den Einwanderern zugesteht, sie sogar ermuntert, verschiedene Aspekte ihres ethnischen Erbes beizubehalten. Nunmehr wird akzeptiert, daß Einwanderer die Freiheit haben sollten, Bräuche hinsichtlich

105

der Speisen, der Kleidung, Religion und Freizeit weiter zu pflegen, und daß sie sich zu diesem Zweck auch mit ihresgleichen zusammenschließen. Die Aufrechterhaltung dieser Gepflogenheiten wird nicht mehr für unpatriotisch oder »unamerikanisch« gehalten.

Die Forderung nach einer Politik des Multikulturalismus war eine natürliche Konsequenz dieses Wandels. Wenn es akzeptabel ist, daß Einwanderer auf ihre ethnische Identität weiterhin stolz sind, dann ist es auch recht und billig, wenn öffentliche Institutionen diesen Identitäten durch Anpassung entgegenkommen.

Warum haben dann so viele kritische Beobachter diese Multikulturalismus-Politik als Gegensatz zur Integration gesehen? Kritiker dieser Politik haben sich gewöhnlich vollkommen auf die Tatsache konzentriert, daß sie die öffentliche Bejahung und Anerkennung der ethnischen Identität von Einwanderern beinhaltet – ein Prozeß, von dem es heißt, er sei seinem Wesen nach separatistisch. Sie ignorieren aber die Tatsache, daß diese Bejahung und Anerkennung *in gemeinsamen Institutionen* erfolgt. Die politischen Grundsätze des Multikulturalismus ermutigen in keinem Sinne zu einem Rückzug aus den Institutionen der regulären Gesellschaft, wie bei den Hutterern, noch zu einem nationalistischen Kampf für die Errichtung und Aufrechterhaltung separater öffentlicher Institutionen, wie bei den Québécois. Die Strategien des Multikulturalismus stehen vielmehr im Widerspruch zur ethnischen Marginalisierung und zum Ethnonationalismus, weil sie die Integration in die regulären Institutionen unterstützen. Sie ermutigen mehr Einwanderer, an den bestehenden akademischen, ökonomischen und politischen Institutionen zu partizipieren, und passen diese Institutionen an, damit sich Einwanderer in ihnen besser aufgenommen fühlen.

Das kann natürlich Gegenreaktionen unter Gruppen von Einheimischen auslösen. Aus der Sicht der Einwanderer sind sie aber integrationsförderlich. Tatsächlich führt eher das Versäumnis, eine solche Politik zu verfolgen, zu dem ernsthaften Risiko einer Marginalisierung. So könnten beispielsweise Einwanderergruppen sich gezwungen fühlen, aus dem öffentlichen Schulsystem auszusteigen und eigene, separate Schulen einzurichten, wenn ihre religiösen Überzeugungen bei den schulfreien Tagen und den Kleidervorschriften keine Berücksichtigung finden. Und ohne gezielte Förderungsmaßnahmen würden weniger Einwanderer mit dem Gefühl leben, daß sie in den regulären Institutionen eine echte Chance haben. Realistisch betrachtet, kann diese Politik nur dazu beitragen, den möglichen Ursachen einer Marginalisierung entgegenzuwirken.

Die Situation wird komplizierter, wenn bei der Maßnahme irgendeine Form institutioneller Separiertheit eine Rolle spielt. Hierzu zählt zum Beispiel die Frage der muttersprachlichen Weiterbildung für erwachsene Zuwanderer. So die neueren Unterrichtsangebote in Toronto, wo den Analphabeten unter den Neuankömmlingen das Lesen und Schreiben in ihrer Muttersprache beigebracht wird. Dieses experimentelle Programm signalisiert einen bedeutsamen Abschied von der traditionellen Vorstellung, erwachsene Einwanderer müßten als Vorbedingung für jede weitere Ausbildung oder staatliche Dienstleistung zunächst Englisch oder Französisch lernen.

Die Vorstellung, separate Unterrichtsklassen für Menschen einer bestimmten ethnischen Gruppe einzurichten, ist für manchen sehr beunruhigend, genauso beunruhigend wie die, Einwanderer sollten dazu angeregt werden, ihre Muttersprache zu gebrauchen und weiterzuentwickeln. Sind dies erste Schritte in Richtung einer Marginalisierung bzw. eines Nationalismus statt zur Integration?

Es ist hoffentlich inzwischen klargeworden, daß diese Vorgehensweisen nicht von irgendeinem Ideal der Nationenbildung geleitet sind. Die Annahme, somalische Einwanderer in Kanada, die die einfachsten Lese- und Schreibfertigkeiten in ihrer Muttersprache erwerben möchten, könnten später auch Universitäten oder Armee-Einheiten somalischer Sprache in Kanada fordern, ist höchst unglaubhaft.

Können diese Strategien möglicherweise marginalisierend wirken? Das hängt meiner Meinung nach von den langfristigen Folgen ab. Die Kritiker gehen davon aus, daß derartige Maßnahmen die Einwanderer entmutigen oder davon abhalten, eine offizielle Landessprache zu erlernen. Das ist ein ernstzunehmender Einwand, denn es ist eindeutig so, daß die wirtschaftlichen Aussichten der meisten Einwanderer in Kanada maßgeblich von der Beherrschung des Englischen oder Französischen abhängen. Und natürlich gilt dies auch für ihre allgemeine Fähigkeit, am sozialen und politischen Leben zu partizipieren.

Aber ist es wirklich so, daß Lese- und Schreibunterricht in der Muttersprache der Einwanderer die Wahrscheinlichkeit verringert, daß sie erfolgreich Englisch oder Französisch lernen? Es gibt vorerst keine Belege, die diese Annahme stützen würden. Im Gegenteil, wir haben guten Grund zu glauben, daß die derzeitige Regierungspolitik in dieser Hinsicht kontraproduktiv ist. Die aktuelle Strategie geht davon aus, daß Einwanderer so schnell wie möglich Englisch lernen sollten. Den soeben eingereisten Einwanderern wird bei den Sprachkursen Vorrang eingeräumt, so daß Einwanderer, die bereits einige Jahre in Kanada leben, manchmal feststellen müssen, daß sie keinen Platz in diesen Kursen ergattern können. Das bedeutet, diejenigen, die bei ihrer Ankunft in Kanada unfähig oder nicht willens sind, eine neue Sprache zu erlernen, werden möglicherweise auf Dauer marginalisiert. Sie werden vielleicht später in ihrem Leben nie wieder die nötige Unterstützung erhalten, eine offizielle Landessprache zu erlernen.

Die Forderung, Einwanderer sollten so rasch wie möglich eine der offiziellen Landessprachen erlernen, ist für einzelne richtig. Für andere hingegen ist sie völlig unrealistisch. Es gibt mittlerweile starke Anhaltspunkte dafür, daß viele Menschen große Schwierigkeiten haben, sich Lese- und Schreibfertigkeiten in Englisch anzueignen, wenn sie diese Fertigkeiten nicht zuvor schon in ihrer Muttersprache erworben haben.[7] Mit der gegenwärtigen Politik werden diese Menschen von der kanadischen Gesellschaft letztlich dauerhaft marginalisiert. Der Unterricht zur Schreibkundigkeit in der Muttersprache eines Neuankömmlings kann deshalb ein erster Schritt sein, der auch das Lesen und Schreiben in Englisch ermöglicht.

Andere sind vielleicht psychologisch noch nicht darauf vorbereitet, bei ihrer Ankunft in Kanada eine neue Sprache zu lernen. Das gilt besonders dann, wenn es sich um Flüchtlinge handelt, die vor Gewalt und Familientragödien geflohen sind. Es kann aber auch für Einwanderer zutreffen, die erst den Schock überwinden müssen, mit dem Leben in einem völlig fremden Land zurechtzukommen und ohne jede soziale Unterstützung, die man früher gewohnt war, für sich und die Familie ein Zuhause zu schaffen.

Bei Neuankömmlingen, die voraussichtlich mehrere Jahre brauchen werden, um Englisch oder Französisch zu lernen, ist dem Ziel der Integration vielleicht am besten gedient, wenn sie in den ersten Jahren nach ihrer Ankunft verschiedene Angebote oder Kurse in ihrer Muttersprache erhalten. Sie könnten dann in muttersprachlichen Unterrichtsklassen mehr über Kanada erfahren, beispielsweise über die Beschaffenheit von Kanadas Rechtssystem und Arbeitsmarkt. Sie könnten aber auch die Kenntnisse in ihrem Beruf auf den neuesten Stand bringen, indem sie muttersprachliche Kurse besuchen.

Die Frage ist nicht, ob Einwanderer ermutigt werden sollen, eine der offiziellen Landessprachen zu erlernen. Wie ich schon sagte, führt die Lese- und Schreibunkundigkeit in Englisch oder Französisch sehr wahrscheinlich zu einer schwerwiegenden Marginalisierung. Darüber hinaus wird dieses Handicap oft an die nächste Generation weitergegeben, wenn keines der Elternteile in der Lage ist, sich mit den Kindern in Englisch oder Französisch zu verständigen.

Die Frage lautet, praktischer formuliert: Welche Strategie funktioniert am besten, wenn man unterschiedlichen Arten von Einwanderern ermöglichen will, Englisch oder Französisch zu lernen? Die derzeitige Erwartung, alle Einwanderer sollten versuchen, eine offizielle Landessprache zu erlernen, sobald sie in Kanada ankommen, ist für bestimmte Zuwanderergruppen schlichtweg ungeeignet. Sie verurteilt all diejenigen, die nach ihrer Ankunft nicht sofort Englisch oder Französisch lernen können, zu ständiger Marginalisierung.

Der Fall der übergangsweisen Zweisprachigkeit im Schulunterricht von Einwandererkindern verbindet sich mit einer ähnlichen Frage. Auch in diesem Fall sind viele beunruhigt, daß solche Maßnahmen Barrieren für das Erlernen des Englischen oder des Französischen darstellen. Die Öffentlichkeit, so läßt sich allgemein sagen, macht sich sehr viel mehr Gedanken über die Sprachkenntnisse von Einwandererkindern als über die von erwachsenen Einwanderern. Die meisten gut informierten Kritiker geben zu, daß mancher erwachsene Einwanderer die englische oder französische Sprache niemals fließend beherrschen wird. Und in der Tat erwarten oder verlangen wir von älteren Zuwanderern nicht einmal mehr den Versuch, diese Sprachbeherrschung zu erlangen – bei dem üblichen Test für die Staatsbürgerschaft sind Einwanderer über 65 Jahre von den sprachlichen Anforderungen befreit. Daß viele erwachsene Einwanderer weiterhin vorwiegend ihre Muttersprache verwenden, ist erwartbar und unvermeidlich.

Wenn es aber um die Kinder geht, sind die meisten Kanadier unnachgiebig. Sie bestehen darauf, daß an den Schulen ausschließlich in einer der beiden offiziellen Landessprachen unterrichtet wird. Den Einwandererkindern soll es natürlich freistehen, in der schulfreien Zeit ihre Muttersprache zu erlernen – und vielleicht sollten für diesen freiwilligen Zusatzunterricht auch öffentliche Gelder und Einrichtungen zur Verfügung gestellt werden –, aber die Inhalte des Lehrplans für öffentliche Schulen sollten ausschließlich in Englisch oder Französisch vermittelt werden. Man folgt dabei der Annahme, ein zweisprachiges Unterrichtsangebot, in dem die Muttersprache der Kinder verwendet wird, verzögere nur die Beherrschung einer offiziellen Landessprache, und das möglicherweise auf Dauer.

Auch hier könnte die landläufige Annahme über die zweisprachige Schulbildung einfach von den Tatsachen widerlegt werden. Es kann sich herausstellen, daß Einwandererkinder, die als Schulanfänger zweisprachige Klassen besuchen, *sowohl* in ihrer Muttersprache *als auch* in Englisch bessere Sprachfähigkeiten entwickeln als Schulanfänger, die rein englischsprachige Schulen besuchen. In den USA gibt es mittlerweile eine umfangreiche Literatur, die darauf schließen läßt, daß Kinder der spanischsprachigen Zuwanderer, deren Eltern nicht Englisch sprechen, auf lange Sicht besser Englisch lernen, wenn sie die übergangsweise zweisprachigen Programme absolviert haben. Ähnliche Programme werden für Einwandererkinder in Kanada gefordert.[8]

Es mag logisch erscheinen zu sagen, die Zuwanderer und ihre Kinder würden sich am besten integrieren, wenn man sie ermutigte, so schnell wie möglich an gesellschaftlich vollständig integrierten Institutionen zu partizipieren. Es ist jedoch keine Frage der Logik, ob Einwandererkinder in rein englischsprachigen Klassen oder in zweisprachigen Klassen besser Englisch lernen. Vielmehr handelt es sich um eine komplizierte empirische Frage, die Probleme der Pädagogik, Soziolinguistik und Lehrplanentwicklung berührt. Der Versuch, diese Fragen ohne den Bezug auf die Tatsachen zu entscheiden, ist wenig hilfreich und möglicherweise kontraproduktiv.

In beiden Fällen konzentrieren sich die Kritiker ausschließlich auf die Tatsache, daß die multikulturellen Strategien irgendeine Form institutioneller Differenzierung beinhalten. Damit werde ein umfassender und dauerhafter ethnischer Separatismus unterstützt. Die Institutionen können nun in der Tat verhältnismäßig beständig sein, wenn man davon ausgeht, daß Kanada auch künftig hohe Einwandererkontingente aufnehmen wird. Wenn sich zum Beispiel die in Vancouver gegründeten zweisprachigen Schulen mit Unterricht in Hochchinesisch und Englisch als erfolgreich erweisen, werden sie vermutlich so lange bestehen bleiben, wie Kanada chinesische Einwanderer aufnimmt.

Wenn uns aber die Integration von Einwanderern ein Anliegen ist, müssen wir untersuchen, welche Rolle diese Institution für die Integration des Einzelnen hat, der sie durchläuft. Auch wenn die Institution selbst durchaus von Dauer sein kann, heißt das nicht, daß die, die sie durchlaufen, auf Dauer im kulturellen Abseits leben. Ganz im Gegenteil, charakteristischerweise dienen diese Institutionen als Übergangsstadium zu verstärkter Partizipation an den regulären Institutionen.[9]

Auch hier läßt sich der Wunsch nach einem besonderen muttersprachlichen Unterricht für Einwandererkinder nicht mit dem Wunsch der Hutterer vergleichen, die ihre Kinder den öffentlichen Schulen entziehen möchten. Im ersten Fall möchte man die Fähigkeit der Einwandererkinder verbessern, in der modernen Welt erfolgreich zu sein, im letzteren Fall möchte man sichergehen, daß die Kinder der Hutterer nicht mit der modernen Welt in Kontakt kommen.

Kurz gesagt, keine dieser Vorgehensweisen des Multikulturalismus fördert den Ethnonationalismus oder die Marginalisierung. Wenn wir echte Fälle von Marginalisierung untersuchen, stellen wir fest, daß sie aus der Zeit vor der Politik des Multikulturalismus stammen – dazu gehört beispielsweise die Befreiung von der Schulpflicht und vom Militärdienst, die verschiedenen christlichen Sekten zugestanden wird, wodurch ihnen ein Leben abseits der übrigen Gesellschaft möglich ist. Viele Kritikpunkte, die man fälschlicherweise an die Adresse der Multikulturalismus-Politik richtet, können mit größerer Glaubhaftigkeit gegen die politischen Strategien geltend gemacht werden, die man Anfang dieses Jahrhunderts gegenüber den Hutterern und den Duchoborzen einsetzte. Man könnte sogar behaupten, daß in der Art und Weise, wie viele Kanadier die historischen Zugeständnisse akzeptieren, die diesen christlichen Sekten der Weißen gemacht wurden, ein Element des Rassismus steckt; und zwar insofern sie einerseits Zugeständnisse, die tatsächlich separatistisch und marginalisierend sind, widerstandslos akzeptieren, während sie gleichzeitig alle Zugeständnisse an neuere, nicht-christliche Einwanderergruppen von Nicht-Weißen erbittert bekämpfen, obwohl diese Zugeständnisse integrativ statt separatistisch wirken.

Ich möchte noch einmal betonen, daß ich von einer bestimmten Art der soziokulturellen Integration spreche, nämlich von der Integration in gemeinsame gesellschaftliche Institutionen, die auf einer von allen geteilten Sprache basieren. Die Tatsache, daß Einwanderer diese Art der *institutionellen* Integration akzeptiert haben, bedeutet nicht notwendig, daß sie sich auch in einem engeren psychologischen Sinne *integriert* haben. Das heißt, auch Einwanderer, die die Unvermeidlichkeit der Partizipation an der anglophonen oder frankophonen Gesellschaft Kanadas akzeptieren, empfinden vielleicht trotzdem wenig Loyalität gegenüber diesen Institutionen und haben nicht das Gefühl, eine neue »kanadische« Identität angenommen zu haben. Sie zeigen möglicherweise wenig Interesse, das übrige Kanada näher kennenzulernen, und möchten sich möglichst viel bei den Herrlichkeiten der alten Welt aufhalten, statt die Chancen zu ergreifen, die ihnen die neue Welt bietet.

Die Behauptung, der Multikulturalismus fördere den institutionellen Separatismus eines apartheid-ähnlichen Systems, ist meiner Ansicht nach unhaltbar. Die Behauptung, der Multikulturalismus fördere eine Art von *mentalem* Separatismus, ist schon glaubhafter. Das heißt, er könnte Einwanderer darin bestärken, sich bei dem Leben aufzuhalten, das sie zurückgelassen haben, anstatt sich mit den in Kanada gegebenen Möglichkeiten zu befassen. Was zum Beispiel die Beurteilung politischer Vorgehensweisen hinsichtlich der Finanzierung ethnischer Forschungsprogramme oder ethnischer Verlage angeht, ist es recht und billig, wenn die Regierung die Einwanderergruppen auffordert, sich in erster Linie (obwohl nicht zwingend ausschließlich) auf ihren Beitrag für Kanada zu konzentrieren und nicht auf die Errungenschaften der Gesellschaft, aus der sie gekommen sind. Genauso sollten die staatlich finanzierten zweisprachigen Unterrichtsprogramme für Schulkinder oder muttersprachlichen Alphabetisierungskurse für Erwachsene hauptsächlich als ein Vehikel benutzt werden, um Einwanderern etwas über Kanada beizubringen und nicht über die Geschichte der alten Welt.

Der eigentlich heikle Punkt ist jedoch, daß sich Einwanderer institutionell integrieren können, ohne daß sie sich notwendigerweise mit diesen für sie neuen Institutionen oder mit Kanada allgemein identifizieren. Dies wirft schwierige Fragen zum Wesen der »kanadischen Identität« auf. Es ist vielleicht hilfreich, drei Punkte festzuhalten. Erstens entsteht die Kluft zwischen institutioneller Integration und psychologischer Identifikation nicht nur im Falle von Einwanderern. Gebürtige Kanadier können sich den gemeinsamen Institutionen ebenfalls psychologisch entfremdet fühlen und deren Schicksal gleichgültig gegenüberstehen. Insofern es geboten erscheint, einen ausgeprägteren Sinn für die kanadische Identität zu fördern, wäre es unfair, ausschließlich Einwanderer in den Blick zu nehmen. Bezeugt ist vielmehr, daß sich die meisten Einwanderer überaus patriotisch entwickeln und ein Interesse an der Intaktheit und Stabilität der gemeinsamen Institutionen zum Ausdruck bringen.

114

Zweitens wird das bloße Faktum der institutionellen Integration sehr wahrscheinlich im Laufe der Zeit ein Gefühl der psychologischen Identifikation erzeugen. Die Tatsache, daß gemeinsame Institutionen die Mitglieder verschiedener ethnischer Gruppen zusammenbringen, hat sowohl individuell als auch gesellschaftlich wichtige Konsequenzen. Auf der individuellen Ebene bedeutet es, daß die Menschen Angehörige anderer ethnischer Gruppen treffen (und sich nicht selten in sie verlieben), was Freundschaften und Heiraten zwischen den Ethnien begünstigt. Diese Beziehungen haben nichts mehr mit der alten Welt zu tun, sondern sind eng mit dem neuen Leben in Kanada verknüpft. Gesellschaftlich bedeutet es, daß der Einzelne lernen muß, wie man mit den Mitgliedern anderer ethnischer Gruppen verhandelt. Wenn eine Einwanderergruppe Material über ihr Herkunftsland in den schulischen Lehrplan aufgenommen haben möchte, wird sie die Mitglieder anderer Gruppen vom Wert dieses Materials überzeugen müssen, da es sich bei den Schulen um gemeinsame Institutionen handelt. Folglich müssen sich die Gruppen darauf konzentrieren, wie sie an dem neuen Leben in Kanada mitwirken, anstatt sich weiter der Gesellschaft zu widmen, die sie hinter sich gelassen haben.

Drittens sind Einwanderer erwiesenermaßen höchst patriotisch gesinnt. Dies hat zum einen seinen Grund in der echten Dankbarkeit vieler Einwanderer (und mehr noch der Flüchtlinge), die die Chance hatten, politischer Gewalt, Unterdrückung oder wirtschaftlichem Mangel zu entkommen. Die westlichen Demokratien bieten ihnen ein Maß an Freiheit, Sicherheit und Wohlstand, das sie in ihrem Heimatland vermutlich niemals gehabt hätten. Zum anderen hat es seinen Grund darin, daß der klar geäußerte Patriotismus eine Möglichkeit darstellt, wie man bei den angestammten Staatsbürgern Bedenken an der eigenen Loyalität zerstreuen kann.[10]

Doch selbst wenn diese multikulturellen Strategien aus der Sicht der Einwanderer integrativ sind, können sie natürlich ethnische Spannungen hervorrufen und die Integration erschweren, wenn sie zu einer Gegenreaktion der gebürtigen Kanadier führen. Ich kann diese Frage hier nicht ausführlich behandeln, möchte jedoch bemerken, daß dieses Problem nicht neu ist. Viele Ängste, die gebürtige Kanadier heute im Hinblick auf die Integration von Muslimen äußern, sind praktisch identisch mit der Rhetorik, die vor 100 Jahren hinsichtlich der Integration von Katholiken aufkam. Die Katholiken wurden als undemokratisch und unpatriotisch wahrgenommen, da sie zur Loyalität dem Papst gegenüber verpflichtet seien, und als separatistisch, weil sie eigene Schulen forderten.

Die Befürchtung, Katholiken würden sich nicht integrieren, verflüchtigte sich erst nach vielen Jahren. Heute sind sie Teil der regulären Gesellschaft, in die sich die Muslime angeblich nicht integrieren. Es kann gleichfalls viele Jahre dauern, bis die Ängste gegenüber den Muslimen abgebaut sind. Meiner Meinung nach werden eines Tages auch die Muslime als tragender Bestandteil der regulären Gesellschaft betrachtet werden, die dann ihrerseits von künftigen Einwanderern die gesellschaftliche Integration erwarten. Jede neue Einwandererwelle bringt spezifische Belastungen, Konflikte, Angst und Mißverständnisse zwischen den Zuwanderern und den gebürtigen Kanadiern mit sich. Die Ausräumung dieser Mißverständnisse braucht Zeit. Doch ich sehe keinen Anlaß zu der Annahme, daß es sich mit den langfristigen Aussichten auf eine Überwindung der Gegenreaktion gegen diese neue Einwandererwelle anders verhielte als bei früheren Generationen.

Schlußfolgerung

ICH HABE ALSO versucht darzulegen, daß die politischen Grundsätze des Multikulturalismus die Integration von Einwanderergruppen keineswegs untergraben. Doch warum machen sich überhaupt so viele Leute Gedanken über die Gefahr eines ethnischen Separatismus? In meinen Ausführungen habe ich eine Reihe gängiger Fehler genannt, die den öffentlichen Diskurs über die Integration prägen. Insbesondere die Sicht auf das Ganze wird oft ignoriert. Man schaut sich den Multikulturalismus isoliert von anderer staatlicher Politik an und glaubt dann, er sei die einzige Politik, die auf integrationsbezogene Entscheidungen von Einwanderern Einfluß nimmt. Tatsächlich ist aber der Multikulturalismus eine verhältnismäßig unbedeutende Politik im Gesamtarrangement der politischen Regelungen. Die wesentlichen Stützen der mit staatlichen Geldern geförderten Integration sind die Einbürgerungs-, Bildungs- und Beschäftigungspolitik – und diese Stützen der Integration bleiben voll und ganz an ihrem Platz.

Im Zusammenhang damit unterschätzen die meisten, wie schwierig es für eine Minderheit wäre, wollte sie wirklich eine eigenständige Kultur etablieren und reproduzieren. Denn das erfordert ein breites Spektrum öffentlicher Institutionen und politischer Befugnisse, von denen nicht eine einzige unter der Rubrik des Multikulturalismus gewährt worden ist und die auch nur erlangt werden könnten, wenn auf praktisch allen Gebieten staatlicher Politik und an fast allen politischen Strukturen Änderungen vorgenommen werden würden.

Damit wird aber das Problem nur verschoben. Warum verweigern so viele die Sicht auf das Ganze? Schließlich wird überhaupt kein Geheimnis daraus gemacht, wie die Regierungen die soziokulturelle Integration fördern. Die Sachlage liegt für jedermann offen zutage, der auch nur einen flüchtigen Blick auf die Einbürgerungsgesetze oder die Bildungspolitik wirft. Die Frage muß damit beantwortet werden, daß viele dem Mythos eines *staatsbürgerlichen Nationalismus* aufgesessen sind, den ich im ersten Teil erörtert habe. Demzufolge wäre die nationale Zugehörigkeit eine bloße Angelegenheit der Verpflichtung auf gewisse politische Grundsätze und nicht eine Angelegenheit der Integration in eine gesellschaftliche Kultur. Da dieses Modell keine Rechtfertigung liefert, um Einwanderern Anreize zur Integration in eine gesellschaftliche Kultur zu geben, übersehen die Kritiker geflissentlich alle staatlichen Vorgehensweisen, die genau dies tun. Und wenn sie dann jeden Ansatz staatlicher Politik, der der Integrationsförderung dient, unbeachtet beiseite geschoben haben, machen sie sich eine übertriebene, nahezu hysterische Sicht der desintegrierenden Wirkungen multikultureller Politik zu eigen. Um von den Auswirkungen der Multikulturalismus-Politik für Einwanderer ein angemessenes Bild zu erhalten, brauchen wir eine redlichere Veranschlagung der Rolle des Staates bei der Förderung und Verbreitung von Nationalkulturen.

Das ist die eigentliche Botschaft, die meinen Ausführungen zugrunde liegt. Solange liberale Theoretiker die Rolle der Staaten bei der Verbreitung von Nationalkulturen nicht anerkennen, werden sie weder den Nationalismus der Minderheiten noch den Multikulturalismus der Einwanderer verstehen können. Beide Phänomene haben nur dann Sinn, wenn man sie als verschiedene Reaktionen auf die Anstrengungen liberaldemokratischer Staaten begreift, die Integration ihrer Bürger in eine gemeinsame gesellschaftliche Kultur zu bewerkstelligen. Der Nationalismus von Minderheiten und der Multikulturalismus von Einwanderern sind keine bedauerlichen Abweichungen vom liberalen Ideal eines kulturell neutralen Staates, sondern vielmehr voraussagbare und zu rechtfertigende Reaktionen auf die Tatsache, daß der liberale Staat kulturell nicht neutral ist und auch nicht sein kann.

**Der amerikanische Multikulturalismus
in der internationalen Arena**

DIE AMERIKANER DISKUTIEREN ebenso wie die Bürger vieler anderer Länder über Fragen des Multikulturalismus. Die Debatte in den Vereinigten Staaten ist jedoch von besonderer Bedeutung, weil amerikanische Ideen überall auf der Welt erheblichen Einfluß ausüben. Leider ist dieser Einfluß nicht immer zum Besten gewesen.

In manchen Fällen hat er sich günstig ausgewirkt, in anderen war er wenig hilfreich, insofern er gravierende Ungerechtigkeiten eher verschärft statt beseitigt hat. Ich möchte versuchen zu erklären, warum das so ist und wie diese Gefahr möglichst gering gehalten werden kann.

Der amerikanische Multikulturalismus

IN DEN AMERIKANISCHEN Debatten über den Multikulturalismus kommt ein großes Meinungsspektrum zum Ausdruck.
Wir können jedoch mittlerweile einen sich abzeichnenden
Konsens oder zumindest ein vorherrschendes Paradigma erkennen, das im wesentlichen auf den folgenden drei Thesen
aufbaut:

a) Daß die eine oder andere Form des Multikulturalismus
heute unumgänglich ist (»Wir sind jetzt alle Multikulturelle«,
wie Nathan Glazer formuliert hat) und daß sich die wirklich interessante Debatte nicht darum dreht, ob wir uns den Multikulturalismus zu eigen machen, sondern darum, welche Art von
Multikulturalismus wir uns zu eigen machen.

b) Daß die geeignete Form des Multikulturalismus in ihrer
Konzeption der Gruppen und Gruppengrenzen fließend sein
muß (neue Gruppen können entstehen, ältere Gruppen können sich zusammenschließen oder sich auflösen); daß in ihrer
Konzeption der Gruppenzugehörigkeit die Freiwilligkeit ein
Kriterium sein muß (der Einzelne sollte frei entscheiden können, ob und wie er der Herkunftsgemeinschaft angehören
will); und daß ihre Konzeption der Gruppenidentität von
Nichtausschließlichkeit geprägt sein muß (Mitglied der einen

Gruppe zu sein, schließt nicht die Identifikation mit einer anderen Gruppe oder mit der amerikanischen Nation als Ganzes aus). Nur eine solche Konzeption des Multikulturalismus, die sich durch Unabgeschlossenheit, Fluktuation und Freiwilligkeit auszeichnet, paßt zur Offenheit der amerikanischen Gesellschaft und ihrem ausgeprägten Respekt vor der Wahlfreiheit des Einzelnen.

c) Daß die nach wie vor größte Herausforderung einer derartigen Konzeption des Multikulturalismus der mit Benachteiligung und Stigmatisierung verbundene Status der Afroamerikaner ist. Zur Gruppe der »Schwarzen« zu gehören, ist eine zugeschriebene Identität, der sich die meisten Afroamerikaner schwer entziehen können und die sie kaum zurückweisen können. Ein Kind aus einer griechisch-arabischen Verbindung kann wählen, ob es sich als griechisch-amerikanisch oder als arabisch-amerikanisch oder als beides oder keines von beiden verstehen will; ein Kind aus einer griechisch-afroamerikanischen Verbindung wird immer als »schwarz« angesehen werden, ob es selbst nun so gesehen werden will oder nicht. Die Folge dieser zugeschriebenen Identität ist ein höherer Grad des sozialen Ausschlusses und der Rassentrennung als bei anderen ethnischen Gruppen: Schwarze leben häufiger als andere in segregierten Wohnvierteln und besuchen häufiger segregierte Schulen usw. Die wesentliche Herausforderung für den amerikanischen Multikulturalismus besteht deshalb darin, die fremdbestimmten, stigmatisierenden und segregierenden Elemente »schwarzer« Identität zu verringern, damit diese den anderen ethnischen Identitäten Amerikas angenähert wird.

Ich akzeptiere diese drei Thesen. Die Art und Weise, wie sie verteidigt worden sind, beunruhigt mich jedoch. Denn die Konzeption des amerikanischen Multikulturalismus mit den Merkmalen der Offenheit, Fluktuation und Freiwilligkeit ist nur allzu häufig mit Hilfe des *Gegensatzes zum Nationalismus der Minderheiten* erklärt und verteidigt worden. Das heißt, wenn

amerikanische Autoren erläutern, wie eine Version des Multikulturalismus aussehen könnte, die durch Geschlossenheit,
Statik und Unfreiwilligkeit charakterisiert ist, verweisen sie normalerweise auf den Nationalismus von Minderheiten, wie es
ihn in Quebec, Flandern, Jugoslawien oder Sri Lanka gibt.
Dieser Gegensatz klärt die Debatte über Multikulturalismus
in Amerika nicht, sondern bringt nur mehr Verwirrung in
sie. Wichtiger ist aber, daß sie einen ungünstigen Einfluß auf
andere Länder hat, weil sie Bemühungen unterläuft, den Nationalismus der Minderheiten zu verstehen und zu berücksichtigen.

Das postethnische Amerika

NEHMEN WIR DAS jüngste Werk von David Hollinger, dessen Buch *Postethnic America* die durchdachteste Verteidigung der vom Konsens getragenen Auffassung darstellt.[1] Hollinger unterscheidet zwei Arten des Multikulturalismus: ein »pluralistisches« Modell, das die Gruppen als fest und beständig einstuft und als das Subjekt von Gruppenrechten begreift; und ein »kosmopolitisches« Modell, das veränderliche Gruppengrenzen, vielfältige Zugehörigkeiten der Individuen und hybride Identitäten akzeptiert und auf individuelle Rechte gegründet ist. Oder wie Hollinger schreibt: »Der Pluralismus respektiert überlieferte Grenzen und verortet die Individuen in der einen oder anderen Gruppe aus einer Reihe schützens- oder erhaltenswerter ethnorassischer Gruppen. Der Kosmopolitismus ist wachsamer gegenüber den Abgrenzungen durch Tradition und bevorzugt freiwillige Bindungen an Kollektive. Der Kosmopolitismus fördert vielfältige Identitäten, betont die Dynamik und Wandlungsfähigkeit vieler Gruppen und zeigt sich aufgeschlossen für das Potential, aus dem neue kulturelle Verbindungen hervorgehen.«

Hollinger verteidigt vehement die kosmopolitische Version des Multikulturalismus – derzufolge »die Individuen darüber entscheiden, wie eng oder wie locker ihre Bindung an eine oder mehrere Abstammungsgemeinschaften sein soll« –, während er die pluralistische Version kritisiert. Er vertritt den Standpunkt, das kosmopolitische Modell habe in der Vergangenheit für weiße, europäische Einwanderer nach Amerika gut funktioniert, und für die neueren Einwanderer aus Lateinamerika, Afrika und Asien funktioniere es nach wie vor gut. Er räumt ein, daß es schwieriger sein wird, die Afroamerikaner (die Nachfahren von Sklaven, im Unterschied zu den neuen Einwanderern aus Afrika oder der Karibik) unter diesem »postethnischen« Schirm zu versammeln. Er besteht jedoch darauf, daß diese Art der gesellschaftlichen Einbeziehung das sei, was die meisten Schwarzen wollen und was die Gerechtigkeit fordere. Sie bleibe ein erreichbares Ziel, auch wenn möglicherweise spezielle Maßnahmen, wie zum Beispiel zielgruppenorientiertere Formen der Förderung, dafür nötig seien.

Ich teile Hollingers Auffassung in bezug auf die für Amerika geeignete Form des Multikulturalismus. Diese Form kann für Einwanderergruppen in vielen anderen Ländern ebenfalls das richtige sein. Die offizielle »Politik des Multikulturalismus«, zu der sich die kanadische Bundesregierung 1971 bekannte, ist im großen und ganzen von dieser Konzeption inspiriert. Einige Kritiker meinen, der kanadische Multikulturalismus falle in Hollingers »pluralistische« Kategorie, da er Einwanderergruppen wie feststehende und selbstgenügsame Größen behandele. Bei näherer Prüfung wird jedoch klar, daß die Politik Kanadas sowohl in ihren Absichten als auch in ihren Konsequenzen Hollingers »kosmopolitischer« Version weit näher steht. Kanada behandelt die ethnokulturelle Zugehörigkeit der Einwanderer ausdrücklich als etwas Freiwilliges und ermutigt die Mitglieder verschiedener Einwanderergruppen, miteinander in Kontakt zu kommen, anderen ihr kulturelles Erbe zu offenbaren und an den gemeinsamen Institutionen im Bereich der Bildung, der Ökonomie, der Politik und des Rechts zu partizipieren. Das langfristige Ergebnis dieses Ansatzes ist eine signifikante Zunahme von Freundschaften und Heiraten zwischen den Ethnien – der Prozentsatz liegt höher als in den Vereinigten Staaten – sowie die sprunghafte Vermehrung veränderlicher, vielfältiger und hybrider Identitäten in den letzten 30 Jahren.

Ich meine mit Hollinger, daß die Integration von Einwanderern in diesen fließenden Multikulturalismus wünschenswert und eine echte Erfolgsgeschichte ist. Ich schließe mich Hollinger auch darin an, daß dieser Prozeß nicht nur für die früheren weißen Einwanderer aus Europa, sondern auch für die neueren arabischen, asiatischen und karibischen Einwanderer in die USA oder nach Kanada funktionieren kann. Ich habe mich sowohl in Kanada (wo der Multikulturalismus bereits recht gut verwurzelt ist) als auch in Europa (wo er nach wie vor vehement abgelehnt wird) für dieses Modell der Einwandererintegration ausgesprochen. In dieser Hinsicht ist Hollingers Darstellung eines postethnischen Amerika ein gutes Modell. Länder wie Österreich oder Belgien könnten in bezug auf die erfolgreiche Integration ihrer Einwanderer eine Menge davon lernen.

Was mir Sorgen bereitet, ist allerdings die Anwendung dieses Modells auf Gruppen von Nichteinwanderern und insbesondere auf Gruppen, die erobert oder kolonisiert worden sind, wie die Québécois oder die indigenen Völker Kanadas. Diese »Nationen im Staat« lebten ursprünglich nach ihren eigenen Gesetzen, und ebenso wie die anderen eroberten oder kolonisierten Völker auf der ganzen Welt haben sie konsequent dafür gekämpft ihre Autonomie zu erlangen oder vielmehr wiederzulangen um sich als unabhängige und selbstbestimmt organisierte Gesellschaften erhalten zu können. Sie bezeichnen sich selbst als »Nation« und machen ihre nationalen Rechte geltend. Sowohl die indigenen Völker als auch die Québécois verfügen in der Tat über eine nicht unerhebliche Autonomie innerhalb Kanadas: die ersteren durch das System der Selbstverwaltung indianischer Stammesverbände, die letzteren durch den Föderalismus.

Hollinger geht weder auf die Frage nach den Rechten der kolonisierten oder eroberten Völker in liberalen Demokratien noch auf die Frage nach der Legitimität eines Minderheitennationalismus derartiger Gruppen direkt ein. Gleichwohl ist klar, daß er den Nationalismus der Minderheiten nicht befürwortet, denn er setzt ihn der »pluralistischen« Konzeption des Multikulturalismus gleich. Er lehnt zum Beispiel »die Vorstellung rechtlich geschützter territorialer Enklaven für Gruppen einer bestimmten Nationalität« ab, und seiner Meinung nach unterscheidet sich der Pluralismus vom Kosmopolitismus »in dem Maße, wie er bestimmte Gruppen mit Privilegien ausstattet, und speziell diejenigen Gemeinschaften, die, wann immer man sich auf das Ideal des Pluralismus beruft, gut etabliert sind«. Damit weist er das wesentliche Anliegen eines Nationalismus der Minderheiten in Kanada und andernorts implizit zurück. Schließlich beanspruchen die Québécois und die indigenen Völker in Kanada gesetzlich verbürgte Rechte der Selbstverwaltung in ihren angestammten Gebieten, und man rechtfertigt diese Ansprüche eben genau damit, daß diese Gesellschaften schon »gut etabliert« waren, bevor sie britisches Herrschaftsgebiet wurden. Hollinger hält solche nationalistischen Ansprüche offenbar für völlig indiskutabel.

Hollinger übt aber auch offen Kritik: Er beschreibt den Nationalismus der Québécois als die Extremform eines »pluralistischen« Multikulturalismus, denn er behandele die Québécois als eine feste und beständige Gruppe und als Träger von Gruppenrechten. Es handele sich gar um eine Form des »ethnischen Nationalismus«, deren Forderungen nach Selbstbestimmung in ihrer Logik der Rassentrennung in den USA gleichkämen.

Diese Argumentation spiegelt ein gängiges Mißverständnis,

was den Charakter des Nationalismus von Minderheiten angeht. Zur Verdeutlichung ist es hilfreich zu untersuchen, wie die Demokratien der westlichen Welt, einschließlich der Vereinigten Staaten, mit dem Nationalismus ihrer Minderheiten in der Vergangenheit umgegangen sind.

Die Berücksichtigung des Nationalismus der Minderheiten

VIELE DEMOKRATIEN DES Westens haben nationale Minderheiten: Belgien die Flamen, Großbritannien die Schotten und die Waliser, die Schweiz ihre französische und italienische Bevölkerung, Spanien die Katalanen und Basken, die skandinavischen Länder das indigene Volk der Samen. In den meisten Fällen wurden diese Minderheiten infolge der Kolonisierung, der Eroberung oder der Gebietsabtretung unter imperialen Großmächten gegen ihren Willen in einen größeren Staat eingegliedert.

Diese nationalen Minderheiten haben, wie immer ihre staatliche Eingliederung vor sich ging, in aller Regel versucht, Selbstverwaltungsbefugnisse zu erlangen oder vielmehr wiederzuerlangen, um sich neben der nationalen Mehrheit als separate und kulturell eigenständige Gesellschaft erhalten zu können. Sie streben die Kontrolle über die Schulen in ihren Landesteilen an, damit sie die Unterrichtssprache und die Lehrpläne selbst bestimmen können, und sie möchten für die im öffentlichen Dienst verwendete Sprache und die Grenzziehung im Inland ebenfalls zuständig sein. Charakteristischerweise mobilisieren sie nach nationalistischem Muster und verwenden dabei die Ideologie der »nationalen Unabhängigkeit«, um ihre Forderungen nach Selbstverwaltung zu definieren und zu rechtfertigen. Im Extremfall streben sie vielleicht sogar die Herauslösung aus dem Staatsgebilde an, doch die meisten dieser nationalen Minderheiten haben sich irgendeine Form regionaler Autonomie zum Ziel gesetzt.

Wie ist die Reaktion westlicher Demokratien auf einen solchen Nationalismus ihrer Minderheiten? Wie die Geschichte zeigt, haben sie versucht, ihn zu unterdrücken, und zwar oftmals rücksichtslos. Im 18. und 19. Jahrhundert gab es mehrfach Vorstöße in diese Richtung. So hat zum Beispiel Frankreich den Gebrauch des Baskischen und Bretonischen an Schulen oder in Presseerzeugnissen untersagt und alle politischen Vereinigungen verboten, die den Nationalismus der Minderheiten fördern wollten; Großbritannien versuchte, den Gebrauch des Walisischen zu unterdrücken; Kanada beraubte die Québécois ihrer Sprachenrechte und französischsprachigen Institutionen und zog die politischen Grenzen neu, so daß die Québécois in keiner Provinz eine Mehrheit bildeten; Kanada erklärte es außerdem für illegal, daß die Ureinwohner politische Vereinigungen bilden, um ihren nationalen Forderungen Nachdruck zu verleihen.

Diese Maßnahmen sollten die nationalen Minderheiten entmachten und jegliches Gefühl für eine eigenständige nationale Identität auslöschen. Minderheiten, die sich als eigenständige Nationen betrachteten, seien illoyal und potentiell sezessionistisch, hieß es.

Die Einstellung gegenüber dem Nationalismus der Minderheiten hat jedoch in unserem Jahrhundert einen tiefgreifenden Wandel durchgemacht. Zum einen ist es einfach nicht gelungen, die nationalen Minderheiten unter Ausübung von Druck in die dominante nationale Gruppe zu integrieren. Die Staaten des Westens haben sich in der Hartnäckigkeit der Identitäten von Minderheiten völlig verschätzt. Helden, Mythen und selbst traditionelles Brauchtum können rasch wechseln, doch die Identität selbst – das Gefühl, eine eigenständige Nation mit eigener Kultur zu sein – ist sehr viel stabiler. Zuweilen haben Staaten alle Mittel eingesetzt, die ihnen zu Gebote standen, um dieses Gefühl für die unabhängige Identität zu zerstören: vom Verbot der Stammesbräuche bis zum Verbot von Schulen, die in der Sprache der Minderheiten unterrichten. Doch trotz jahrhundertelanger Diskriminierung durch die Gesetze haben sich die nationalen Minderheiten ihre Eigenheiten und ihren Wunsch nach Autonomie bewahrt.

Wenn ein Staat eine Minderheit in ihrem Gefühl für nationale Selbständigkeit angreift, wird die Gefahr der Illoyalität und Abspaltung dadurch eher größer als geringer. Neuere Untersuchungen zu weltweit vorhandenen ethnonationalistischen Konflikten haben ergeben, daß Selbstverwaltung die Wahrscheinlichkeit gewaltsamer Konflikte vermindert, während die Verweigerung oder die Aufkündigung politischer Rechte den Konflikt eher eskalieren läßt. Die Erfahrung von Demokratien der westlichen Welt hat gezeigt, daß der beste Weg, sich der Loyalität nationaler Minderheiten zu vergewissern, darin besteht, vom Angriff zur Schlichtung überzugehen.

Wir können diesen Umschwung in den meisten westlichen Demokratien mit nationalen Minderheiten beobachten. Kanada zum Beispiel hat ein föderales System eingeführt, das den Québécois bedeutende Sprachenrechte und regionale Autonomie gewährt. Sowohl Kanada als auch die skandinavischen Länder gestehen den indigenen Völkern gewisse Rechte der Selbstverwaltung zu. Belgien, Spanien und Großbritannien haben sich neuerdings dazu bekannt, ihren nationalen Minderheiten regionale Autonomie einzuräumen. In allen diesen Ländern wurde das Ziel aufgegeben, die nationalen Identitäten von Minderheiten auszulöschen. Nunmehr wird akzeptiert, daß sich diese Gruppen bis in die ferne Zukunft als separate, selbstverwaltete Nationen in einem größeren Staat betrachten.

Kurz gesagt, eine wachsende Zahl westlicher Demokratien sind nicht mehr Nationalstaaten, sondern multinationale Staaten. Sie akzeptieren, daß ihre Grenzen zwei oder mehr Nationen einschließen, und sie erkennen an, daß jede einzelne Nation einen berechtigten Anspruch auf die Sprachenrechte und Selbstverwaltungsbefugnisse hat, die nötig sind, um sich als eine eigenständige Kultur erhalten zu können. Oft wird dieser multinationale Charakter in der Landesverfassung ausdrücklich niedergelegt.

Mehrere multinationale Staaten haben außerdem erkannt, daß die nationalen Rechte durch die eine oder andere Form des Föderalismus am besten geschützt sind. Denn der Föderalismus erlaubt die Einrichtung regionaler politischer Einheiten, die der Kontrolle der nationalen Minderheiten unterstellt und mit substantiellen (und verfassungsrechtlich geschützten) Befugnissen der Selbstverwaltung ausgestattet sind. Wir können deshalb beobachten, wie in mehreren Demokratien des Westens eine neue Form des »multinationalen Föderalismus« entsteht – das heißt, ein Modell des Staates als Föderation regional verdichteter Völker oder Nationen, in welcher Grenzen gezogen wurden und Entscheidungsgewalten verteilt worden sind.

Diese multinationalen Föderationen sind, an allen vernünftigen Kriterien gemessen, erfolgreich. Sie haben es nicht nur geschafft, die Konflikte, die von ihren konkurrierenden nationalen Identitäten hervorgerufen werden, auf friedliche und demokratische Weise beizulegen, sondern haben ihren Bürgern auch ein hohes Maß ökonomischen Wohlstands und individueller Freiheit sichern können. Wenn man die ungeheure Macht des Nationalismus in diesem Jahrhundert bedenkt, ist das wirklich beachtlich. Der Nationalismus hat Kolonialreiche und kommunistische Diktaturen zerschlagen und überall auf der Welt Grenzen neu definiert. Dennoch ist es den demokratischen multinationalen Föderationen gelungen, den Nationalismus zu zähmen und zu befrieden und darüber hinaus die individuellen Rechte und Freiheiten zu achten. Es ist nicht leicht, ein anderes politisches System zu finden, das für sich die gleichen Erfolge beanspruchen kann.

Der Nationalismus der Minderheiten
in den Vereinigten Staaten

HOLLINGERS KRITIK AM Nationalismus der Minderheiten hält nicht Schritt mit der Praxis anderer Demokratien. Sie gibt nicht einmal die amerikanische Erfahrung mit dem Minderheitennationalismus wieder. In den USA existieren mehrere kolonisierte Gruppen, die sich selbst als »Nationen im Staat« verstehen, so zum Beispiel die Puertoricaner, die Chamoros von Guam und die amerikanischen Indianer. Sie sind die für den Nationalismus der Minderheiten paradigmatischen Fälle in den Vereinigten Staaten. (Ich zähle die Afroamerikaner, deren Vorfahren als Sklaven nach Amerika gebracht wurden, nicht zu den nationalen Minderheiten. Hollinger ist der Ansicht, und ich stimme ihm zu, daß die meisten Schwarzen in den USA sich selbst nie als eine eigene Nation begriffen haben, sondern vielmehr für die Integration in die größere amerikanische Nation gekämpft haben.)

Bei der Auseinandersetzung mit ihren »Nationen im Staat« ist die Regierung der Vereinigten Staaten dem gleichen Schema gefolgt, das wir schon von anderen westlichen Demokratien kennen. Im 19. und frühen 20. Jahrhundert wurden alle erdenklichen Anstrengungen unternommen, den Nationalismus der Minderheiten zu unterdrücken. Als die Vereinigten Staaten Puerto Rico erobert hatten, versuchten sie zum Beispiel, Spanisch als Unterrichtssprache an den Schulen durch Englisch zu ersetzen, und erklärten es für gesetzeswidrig, politischen Parteien anzugehören, die sich der Förderung der Unabhängigkeit verschrieben. Auch die Indianerstämme mußten über lange Zeit politische Strategien ertragen (z. B. den Dawes-Severalty Act), die darauf abzielten, ihre traditionellen Institutionen zu untergraben und Indianergebiete für kolonisierende Siedler zu öffnen.

Heute werden diese nationalen Minderheiten jedoch praktisch wie »Nationen« behandelt Die politischen Einheiten sind dergestalt angelegt, daß es möglich ist, eine lokale Mehrheit zu bilden und substantielle Rechte der Selbstverwaltung auf territorialer Grundlage wahrzunehmen. Sie alle verfügen über einen besonderen politischen Status (z. B. die Puertoricaner über den des Commonwealth, die Indianer über den der abhängigen Nation), der anderen Territorien oder Untereinheiten in den Vereinigten Staaten nicht zukommt oder nicht gewährt wird.

Hollinger äußert sich kaum über diese Form von Minderheitennationalismus in den USA. Das ist verständlich, insofern sie im amerikanischen Kontext sowohl geographisch als auch zahlenmäßig vergleichsweise peripher sind. Theoretisch gesehen sind sie dennoch wichtig, weil sie die Fälle darstellen, die am klarsten zeigen, wie sich die Vereinigten Staaten mit dem Minderheitennationalismus auseinandergesetzt haben. Und im Hinblick auf diese Gruppen sind die USA tatsächlich ein multinationaler Staat, eine Föderation eigenständiger Nationen. Die Vereinigten Staaten behandeln diese Gruppen als fest und beständig – und als das Subjekt von Gruppenrechten.

Der postethnische Multikulturalismus und der Nationalismus der Minderheiten

WIR STEHEN NUN vor einem Rätsel. Wenn Hollinger recht hat und der Nationalismus der Minderheiten ein »ethnischer Nationalismus« ist, der sich auf Blut und Abstammung gründet, warum haben ihm die liberalen Demokratien dann Zugeständnisse gemacht? Die Antwort lautet kurz und bündig, daß Hollinger den Charakter dieser nationalistischen Bewegungen fehlinterpretiert hat.

Betrachten wir das Beispiel Quebec. Die Provinz Quebec nimmt Einwanderer aus der ganzen Welt auf: Sie hat ungefähr dieselbe Einwanderungsrate pro Kopf wie die USA. Die Steuerung der Zuwanderung gehört zu den Befugnissen, die Quebecs Nationalisten angestrebt und erreicht haben. Die Provinz führt ihr eigenes Einwanderungsprogramm durch, sie rekrutiert aktiv neue Einwanderer, die mehrheitlich keine Weißen sind. Diesen Einwanderern wird nicht nur die Staatsbürgerschaft zu verhältnismäßig einfachen Bedingungen gewährt, sondern sie werden durch Quebecs »interkulturelle« Politik auch ermutigt, mit Mitgliedern anderer ethnischer Gruppen Kontakt aufzunehmen, sie mit ihrem kulturellen Erbe bekannt zu machen und an den gemeinsamen öffentlichen Institutionen zu partizipieren.

Das Ergebnis dieser Politik in Quebec ist genau der Typus eines fließenden, hybriden Multikulturalismus, den Hollinger so sehr schätzt. (Das Akzeptanzniveau für gemischtrassige Ehen ist in Quebec sogar erheblich höher als in den Vereinigten Staaten.) Quebecs Nationalisten sind weit davon entfernt, irgendeine Rassereinheit wahren zu wollen, sie suchen vielmehr aktiv nach Menschen anderer Rassen, anderer Kulturen und anderen Glaubens, die in das Land kommen, sich integrieren, in die Bevölkerung einheiraten und gemeinschaftlich am Aufbau einer modernen, pluralistischen, eigenständigen (französischsprachigen) Gesellschaft in Quebec mitwirken. Quebec ist in dieser Hinsicht nicht einmalig. Auch der Nationalismus der Schotten und Katalanen ist postethnisch im Sinne Hollingers. Natürlich ist nicht jeder Minderheitennationalismus postethnisch: Der baskische Nationalismus gründet sich größtenteils auf die Rasse, und der flämische Nationalismus beinhaltet ebenso wie der Nationalismus einiger indigener Völker eine stark rassistische Komponente. Doch der Umfang, in dem eine bestimmte Form des Nationalismus der Minderheiten rassisch oder postethnisch ist, läßt sich nur bestimmen, indem man die Fakten untersucht, nicht durch die begriffliche Deduktion. Und bei den Minderheiten geht der Trend in den meisten westlichen Demokratien deutlich in die Richtung einer offeneren und nicht-rassebezogenen Definition ihres Nationalismus. Im Fall von Quebec glaubte zum Beispiel eine überwältigende Mehrheit de Quebecer vor vierzig Jahren noch, man müsse von den ursprünglichen französischen Siedlern abstammen, um ein echter Québécois sein zu können; heute akzeptieren weniger als 20% der Quebecer diese Sichtweise.

Hollingers Argument spiegelt eine gängige falsche Vorstellung des Minderheitennationalismus, demzufolge dieser die Extremform des »pluralistischen« Multikulturalismus sei und daher dem kosmopolitischen oder postethnischen Multikulturalismus jeder Art diametral entgegengesetzt. In Wirklichkeit operieren diese Doktrinen auf verschiedenen Ebenen. Der Nationalismus ist eine Doktrin in bezug auf die Grenzen eines politischen Gemeinwesens und in bezug darauf, wer Rechte der Selbstverwaltung besitzt. Der Minderheitennationalismus beansprucht, daß eine Minderheit als »Nation im Staat« dieselben Rechte der Selbstverwaltung hat wie die Mehrheit und ein eigenes, politisch selbstbestimmtes Gemeinwesen bildet. Das ist durchaus vereinbar mit der Auffassung, daß alle Nationen – als Minderheit wie als Mehrheit – postethnische oder »staatsbürgerliche« Nationen sein sollten. Tatsächlich ist es eine Möglichkeit, in welchem Sinn der *liberale* Nationalismus verstanden werden kann: Er bedeutet, daß Nationen ein Recht auf Selbstverwaltung haben, daß aber auch alle Nationen, als Mehrheiten wie als Minderheiten, postethnisch sein sollten.

Insoweit der Minderheitennationalismus von einer liberalen Konzeption der Nationalität geleitet ist, steht er nicht im Gegensatz zum kosmopolitischen Multikulturalismus. Der Minderheitennationalismus ist eine Doktrin über die politische Einheit, die das Wirkungsfeld des kosmopolitischen Multikulturalismus sein sollte. Soll diese Einheit Kanada als Ganzes sein oder nur Quebec? Soll sie Spanien insgesamt umfassen oder nur Katalonien? Die gesamten Vereinigten Staaten oder nur Puerto Rico? In keinem dieser Fälle wird über die Vorzüge des postethnischen Multikulturalismus gestritten, noch bilden staatsbürgerlicher versus ethnischer Nationalismus den Gegenstand der Debatte. Allen diesen Nationen, ob Mehrheit oder Minderheit, ist ein staatsbürgerliches, postethnisches Modell im Sinne Hollingers gemeinsam. Die Debatte dreht sich im Grunde genommen darum, ob es eine einzige staatsbürgerliche Nation im Staat gibt oder mehrere.

Hollinger ist der Auffassung, daß der kosmopolitische Multikulturalismus auf der Ebene des Staates als Ganzes operieren sollte, nicht in den Grenzen von Puerto Rico, Quebec oder Katalonien. Er nennt jedoch keine Gründe dafür. Vielleicht deshalb, weil er die Möglichkeit, daß die Nationen der Minderheiten ebenfalls eine staatsbürgerliche, postethnische Form des Nationalismus fördern und verkörpern können, nicht wirklich bedacht hat.

Grundsätzlich ist denkbar, daß weder der Staat noch ein anderes Gemeinwesen in einer Größenordnung unterhalb des Staates die geeignete Einheit für den kosmopolitischen Multikulturalismus bildet, sondern vielmehr die ganze Welt. Demzufolge sollten Staaten offene Grenzen haben und dem Hin und Her über die Staatsgrenzen kein Hindernis in den Weg legen. Das wäre eine wahrhaft »kosmopolitische« Form des Multikulturalismus. Hollinger lehnt dies mit der Begründung ab, die Amerikaner bildeten eine Nation und hätten ein Recht auf ihre nationale Identität bis in die ferne Zukunft. Das heißt also, er betrachtet die Amerikaner als feste und unveränderliche Gruppe, die Rechte der Selbstverwaltung ausübt. So gesehen wäre es genauer, sein Modell nicht als »kosmopolitisch«, sondern als »panamerikanisch« zu bezeichnen. Er selbst bestreitet allerdings, daß die These einer fließenden und veränderlichen Form des Multikulturalismus innerhalb der festen und bleibenden Grenzen einer Nation einen Widerspruch bedeute.

Ich teile die Auffassung, daß »das kosmopolitische Element im Multikulturalismus mit einer starken Bejahung der amerikanischen Nationalität vereinbar« ist. Es ist jedoch ebenso vereinbar mit einer starken Bejahung der Nationalität der Puertoricaner oder der Québécois. Wenn der Nationalismus der Québécois »pluralistisch« ist, weil er impliziert, daß der Multikulturalismus in den festen und beständigen Grenzen einer Nation der Quebecer operieren sollte, dann ist es auch der amerikanische Nationalismus, den Hollinger verteidigt. Beide beinhalten dieselbe Verbindung eines fließenden Multikulturalismus mit festen Grenzen. Ich sehe keine liberale Rechtfertigung für die Meinung, Amerikaner hätten ein Recht auf ihre nationale Existenz, nicht aber die Puertoricaner oder die Québécois.

Aber ist das wirklich von Bedeutung?

WARUM IST DAS für uns relevant? Schließlich ist der Minderheitennationalismus für Hollinger nur am Rande interessant. Außerdem ist das Buch für ein heimisches Publikum geschrieben, wie viele andere Bücher amerikanischer Autoren aus jüngster Zeit, die nur nebenbei auf den Minderheitennationalismus hinweisen. Diese Hinweise mögen sogar irreführend oder ungenau sein, aber haben sie andere Länder tatsächlich beeinflußt? Ich glaube, das haben sie. Ich möchte zwei Beispiele nennen: Kanada und Osteuropa. Die englischsprachigen Kanadier sind von den amerikanischen Debatten stark beeinflußt worden, und eine Folge war die Weigerung, den Québécois die erstrebte öffentliche Anerkennung ihrer nationalen Identität zu gewähren.[2] Der amerikanische Einfluß hat eine annehmbare Einigung mit Quebec erschwert, obwohl die Vereinigten Staaten selbst durchaus gewillt sind, den Puertoricanern nationale Anerkennung zu gewähren. Hätten amerikanische Autoren mehr betont, daß es zur amerikanischen Praxis gehört, den Nationalismus der Minderheiten zu berücksichtigen, dann stünde Quebec heute nicht so kurz vor der Entscheidung, sich von Kanada abzuspalten.

Die Situation in Osteuropa ist sehr viel schwieriger. Falls es zur Abspaltung Quebecs käme, wäre das Resultat vermutlich, daß es dann *zwei* verhältnismäßig stabile liberale Demokratien gäbe anstatt einer.

In Osteuropa hingegen ist die Unfähigkeit, den Minderheitennationalismus zu berücksichtigen, nicht bloß eine Bedrohung für bestehende Grenzen, sondern auch für die Demokratie selbst und für die Existenz einer friedlichen Zivilgesellschaft. Man könnte fast eine direkte Korrelation zwischen der Demokratisierung und dem Nationalismus von Minderheiten behaupten: Die Länder ohne bedeutenden Minderheitennationalismus haben sich erfolgreich demokratisiert (Tschechische Republik, Ungarn, Slowenien), die Länder mit starkem Minderheitennationalismus machen eine schwierigere Phase durch (Slowakei, Ukraine, Rumänien, Serbien, Mazedonien). Der Einfluß amerikanischer Debatten ist in diesem Kontext in zweierlei Hinsicht eher negativ gewesen. Erstens hat er dazu beigetragen, daß die liberalen Intellektuellen, die sich von den amerikanischen Liberalen oft Orientierung erhoffen, in diesen Ländern marginalisiert wurden. Unter dem Einfluß amerikanischer Modelle können die osteuropäischen Liberalen kaum etwas zur Berücksichtigung des Minderheitennationalismus sagen – bis auf die Skandierung des Mantras, »individuelle Rechte, nicht Gruppenrechte« seien die Lösung für ethnische Konflikte. Das ist leider nicht hilfreich, weil es nichts darüber sagt, auf welche Weise die Probleme, die sich mit dem Nationalismus der Minderheiten stellen, zu lösen sind. Der Konflikt im Kosovo zum Beispiel dreht sich darum, ob die politische Macht in Belgrad zentralisiert sein oder ob die Regionalregierung im Kosovo über eine ausgedehnte Autonomie verfügen sollte. Der Wahlspruch »individuelle Rechte, nicht Gruppenrechte« schafft keine Orientierung in diesem Konflikt. Ohne klare Vorstellung von dem, was die Gerechtigkeit in multinationalen Staaten fordert, sind die Liberalen in den Kämpfen zwischen den Nationalisten der Mehrheit und denen der Minderheit zu passiven Zuschauern geworden.

Zweitens sind die amerikanischen Debatten paradoxerweise von den Nationalisten auf seiten der Mehrheit angeführt worden, um die Unterdrückung des Minderheitennationalismus zu rechtfertigen. Die amerikanische These, eine gute liberale Demokratie sollte zugleich eine »staatsbürgerliche Nation« sein, ist von den nationalistischen Regierungen dieser Länder nicht nur aufmerksam studiert, sondern größtenteils auch übernommen worden. Zum einen wird die Sprache der liberalen Demokratie und des staatsbürgerlichen Nationalismus gern übernommen, um ausländische Beobachter zu beeindrucken, zum anderen aber auch, weil sie eine Rechtfertigung liefert, den Nationalismus der Minderheiten zu zerschlagen und den nationalen Minderheiten ihre unabhängigen öffentlichen Institutionen und ihre Rechte der Selbstverwaltung zu nehmen. Diesen Trend sehen wir in der Slowakei, in Rumänien, Serbien und Rußland.

Es mag überraschen, daß sich die Nationalisten auf seiten der Mehrheit die Sprache des staatsbürgerlichen Nationalismus zu eigen machen, aber sie tun es. Und sie finden diese Sprache gerade deswegen nützlich, weil sie eine Politik legitimiert, die die nationalen Minderheiten daran hindert, eine eigenständige nationale Identität auszudrücken und nationale Rechte zu beanspruchen.

Was wir deshalb in Osteuropa sehen, ist eine unheilige Allianz aus liberalen Intellektuellen und den Nationalisten der Mehrheit, die sich beide auf amerikanische Modelle berufen, um damit die Zurückweisung von Forderungen nationaler Minderheiten zu rechtfertigen. Wie ich schon erwähnte, kann die Unterdrückung des Minderheitennationalismus nur mit Zwang durchgesetzt werden, und das hat noch stets dazu geführt, daß unter den Minderheiten Angst geschürt wurde, daß sich die Beziehungen zwischen den Ethnien verschlechtern und daß sowohl bei der Mehrheit als auch bei der jeweiligen Minderheit autoritäre Tendenzen in den nationalistischen Bewegungen gestärkt wurden.

Natürlich haben die Amerikaner die Politik mit Zwangsmitteln, die darauf abzielt, den Nationalismus der Minderheiten zu unterdrücken, nicht gutgeheißen. Im Gegenteil, die amerikanische Außenpolitik hat oftmals Staaten dazu angehalten, Forderungen ihrer Minderheiten entgegenzukommen. Gegenwärtig übt die amerikanische Regierung Druck auf Serbien aus, dem Kosovo den Autonomiestatus zu gewähren. Die serbische Führung betrachtet das allerdings als Scheinheiligkeit, als einen weiteren Fall, in dem Amerika versucht, schwächeren Ländern eine politische Regelung aufzuzwingen, die es im eigenen Land nie akzeptieren würde. Sind nicht gerade die Amerikaner der Meinung, wir sollten den ethnischen Nationalismus von Minderheiten bekämpfen und statt dessen eine einzige, allen gemeinsame staatsbürgerliche Nation in jedem Staat bilden?

Die amerikanische Position in bezug auf das Kosovo hätte mehr Glaubwürdigkeit beanspruchen können, wenn die Amerikaner betont hätten, daß sie dem Nationalismus ihrer eigenen Minderheiten Zugeständnisse gemacht haben. Das ist lediglich eines von vielen Beispielen, in denen der Übergang zur Demokratie in den multinationalen Staaten Osteuropas glatter verlaufen wäre, wenn amerikanische Autoren und Staatsmänner hervorgehoben hätten, daß Zugeständnisse an den Minderheitennationalismus Teil der amerikanischen Wirklichkeit sind.

Ich will damit nicht sagen, amerikanische Theoretiker des Multikulturalismus sollten Fragen des Minderheitennationalismus in den Mittelpunkt stellen. Im Mittelpunkt der amerikanischen Debatten steht die Situation der Schwarzen, und das sollte sie auch. Ich wünschte mir jedoch, die Amerikaner würden zugeben (wenn auch nur en passant), daß Zugeständnisse an den Nationalismus der Minderheiten weder unamerikanisch noch undemokratisch sind, sondern vielmehr ein (kleiner) Teil der amerikanischen Realität.

Anmerkungen

Liberaler Nationalismus

1 Allan Gregg, »Can Canada Survive?«, in: *Macleans*, Band 108, Nr. 52, 25. Dezember 1995, S. 14.

2 Französischsprachige Bürger außerhalb Quebecs haben ein niedrigeres Durchschnittseinkommen als englischsprachige Bürger, aber ihre nachteilige Lage ist nicht der Grund für den Nationalismus Quebecs. Im Gegenteil, diese französischsprachigen Bürger stünden nach der Abspaltung wahrscheinlich schlechter da als zuvor, denn sie würden einen starken Bündnispartner innerhalb Kanadas verlieren.

3 Siehe z. B. Jeremy Webber, *Reimagining Canada. Language, Culture Community and the Canadian Constitution*, Montreal 1994, S. 24. Webber meint, wir sollten die Sprache des Nationalismus vermeiden, wenn wir über Quebec diskutieren. Vgl. Yael Tamir, *Liberal Nationalism*, Princeton 1993.

4 Das verweist auf eine der vielen Paradoxien in der kanadischen Debatte. Die englischsprachigen Kanadier sagen, sie verstünden nicht, warum den Einwohnern Quebecs die Anerkennung und Ausübung ihrer Nationalkultur ein so wichtiges Anliegen ist. Doch das ist genau das, worüber die englischsprachigen Kanadier sich offenbar Sorgen machen – daß es nämlich Einwanderer gibt, die sich nicht mehr integrieren.

5 Eine Erörterung dieses Aspekts findet sich in meiner Einleitung zu *The Rights of Minority Cultures*, hg. von Will Kymlicka, Oxford Univ. Press 1995.

6 Es muß betont werden, daß *Nationen*, ob sie nun als nationale Gruppe eine Mehrheit oder eine Minderheit sind, nicht notwendig durch Rasse oder Abstammung definiert sind. Im Fall der englischsprachigen Gesellschaft als mehrheitlich vertretene Gruppe sowohl in den USA als auch in Kanada ist das offenkundig. In beiden Ländern hat es über 150 Jahre lang hohe Einwanderungsquoten gegeben. Zunächst aus Nordeuropa, dann aus Süd- und Osteuropa, mittlerweile überwiegend aus Asien und Afrika. Die englischsprachigen Amerikaner oder Kanadier, die rein angelsächsischer Herkunft sind, bilden infolgedessen eine (ständig schrumpfende) Minderheit. Entsprechend sind die nationalen Minderheiten zunehmend multiethnisch und multirassisch. Während z. B. das Niveau der Einwanderung nach Frankokanada viele Jahre lang auf niedrigem Stand verharrte, ist es jetzt fast ebenso hoch wie im englischsprachigen Teil Kanadas oder den USA. Quebec sucht gezielt nach frankophonen Einwanderern aus Westafrika und der Karibik. Auch die Anzahl der Ehen zwischen den indigenen Völkern Nordamerikas und der englischen, französischen und spanischen Bevölkerung war hoch. Infolgedessen sind alle diese nationalen Minderheiten rassisch und ethnisch gemischt. Die Zahl der Frankokanadier, die rein französischer Abstammung, oder der Puertoricaner, die rein spanischer Herkunft sind, sinkt ständig, so daß diese schließlich eine Minderheit bilden werden. Wenn ich von nationalen Minderheiten spreche, ist deshalb nicht von rassisch definierten Gruppen oder Abstammungen die Rede, sondern von kulturellen Gruppen. Es handelt sich nicht um »ethnische« Nationen, in dem Sinne einer Zugehörigkeitsbeschränkung auf diejenigen, die derselben ethnischen Abstammung sind. Die Zugehörigkeit zu diesen nationalen Gruppen ist vielmehr durch Teilhabe an einer gemeinsamen Kultur definiert.

7 Michael Walzer, »Kommentar«, in: Charles Taylor, *Multikulturalismus und die Politik der Anerkennung*. Mit Kommentaren von Amy Gutmann (Hg.), Steven C. Rockefeller, Michael Walzer, Susan Wolf. Mit einem Beitrag von Jürgen Habermas, üb. von Reinhard Kaiser, Frankfurt am Main 1993, S. 112 f., S. 111. Siehe auch Michael Walzer, *What it Means to be an American*, New York 1992, S. 9 (Der deutsche Band, *Zivile Gesellschaft und amerikanische Demokratie*, üb. von Ch. Goldmann, Berlin 1992, enthält zwar den Aufsatz »Was heißt es, ›Amerikaner‹ zu sein?«, ist aber nicht textidentisch). William Pfaff, *The Wrath of Nations. Civilization and the Furies of Nationalism*, New York 1993, S. 162 (Dt.: *Die Furien des Nationalismus. Politische Kultur am Ende des 20. Jahrhunderts*,

üb. von Max Looser, Frankfurt am Main 1994; Michael Ignatieff, *Blood and Belonging, Journeys into the new Nationalism*, New York 1993 (Dt.: *Reisen in den neuen Nationalismus*, üb. von Werner Schmitz, Frankfurt am Main 1994).

8 Gerald Johnson, *Our English Heritage*, Westport 1973, S. 119.

9 Zu einer detaillierten Diskussion dieses Punktes siehe W. Kymlicka, *Multicultural Citizenship. A Liberal Theory of Minority Rights*, Oxford 1995, Kapitel 5, und »Federalism, Nationalism and Multiculturalism«, in: *Revista Internacional de Filosofía Politica* 5/1996 (in spanischer Sprache). Eine überarbeitete Fassung wird in Englisch unter dem Titel: »Is Federalism a Viable Alternative to Secession?«, in: *Secession*, hg. von Percy Lehning, bei Routledge erscheinen.

10 Deutschland hat seine Einbürgerungsgesetze vor einiger Zeit geändert, so daß Bürger türkischer Herkunft – insbesondere im Alter zwischen 16 und 23 Jahren – z. T. ein Anrecht auf die Staatsbürgerschaft haben. Für die meisten Türken ist der Erwerb der Staatsbürgerschaft jedoch ein unsicheres (und teures) Unterfangen, und das sogar für diejenigen, die den größten Teil ihres Lebens in Deutschland verbracht haben.

11 Zur Allgegenwärtigkeit dieses Prozesses siehe Ernest Gellner, *Nations and Nationalism*, Oxford 1983; Benedict Anderson, *Imagined Communities. Reflections on the Origin and Spread of Nationalism*, London 1983.

12 Charles Taylor, »Nationalism and Modernity«, in: J. McMahan und R. McKim (Hg.), *The Ethics of Nationalism*, Oxford University Press, im Erscheinen.

13 Das trifft natürlich nicht auf Flüchtlinge zu. Die Machbarkeitsbeschränkungen, die ich nun anführen werde, gelten jedoch im selben Maße, wenn nicht sogar verstärkt für Flüchtlinge.

14 Ich muß betonen, daß ich hier von Einwanderergruppen in liberaldemokratischen Ländern spreche, in denen Rasse, Religion oder ethnische Herkunft kein Hinderungsgrund sind, vollwertige Staatsbürger zu werden. Unter diesen Umständen haben die Einwanderergruppen keine Selbstverwaltung verlangt. In manchen Teilen der Welt – darunter in einigen westlichen Demokratien – sind Einwanderer weniger willkommen und ist es daher schwieriger für sie, die Gleichstellung als Staatsbürger zu erlangen. Wo Einwanderer starken Vorurteilen und rechtlicher Diskriminierung ausgesetzt sind – und wo folglich die Gleichstellung in der regulären Gesellschaft unerreichbar ist –, ist die Wahrscheinlichkeit größer, daß sie eine separate, selbstverwaltete Gesellschaft neben der regulären Gesellschaft errichten wollen. Sofern

der deutsche Staat hartnäckig daran festhält, langjährig ansässigen Türken (sowie ihren Kindern und Enkeln) die Staatsbürgerschaft zu verweigern, würde man z.b. erwarten, daß die Türken auf größere Selbstverwaltungsbefugnisse dringen, so daß sie neben der deutschen Gesellschaft – in die ihnen der Eintritt verwehrt bleibt – eine eigene, selbstverwaltete Gesellschaft bilden und dauerhaft erhalten können. Das entspricht jedoch nicht ihrem Ziel. Denn wie Einwanderer in anderen liberalen Demokratien wollen sie vollwertige und gleiche Mitglieder der deutschen Gesellschaft werden. Ich kann den Gedanken an dieser Stelle zwar nicht argumentativ entfalten, meine aber, daß jede glaubwürdige Darstellung liberaler Gerechtigkeit darauf bestehen wird, Einwanderer mit langjähriger Aufenthaltsdauer sollten die Möglichkeit haben, die Staatsbürgerschaft zu erwerben. Historische Untersuchungen legen jedenfalls nahe, daß Einwanderergruppen in liberalen Demokratien nur dann quasi-föderale Formen der Selbstverwaltung anstreben, wenn ihrer vollständigen Integration und Teilhabe an der regulären Gesellschaft ungerechte Hindernisse entgegenstehen.

15 Walker Connor, »Nation-Building or Nation-Destroying«, in: *World Politics* 24/1972, S. 350f.; »The Politics of Ethnonationalism«, in: *Journal of International Affairs* 27/1, 1973, S. 20. In einem neueren Überblick über die weltweit existierenden ethnokulturellen Konflikte zeigen sich die wichtigen Unterschiede zwischen Einwanderergruppen und staatlich eingegliederten nationalen Gruppen sehr deutlich, siehe Ted Gurr, *Minorities at Risk. A Global View of Ethnopolitical Conflict*, Institute of Peace Press, Washington 1993.

16 Diese Verallgemeinerung verdankt sich der amerikanischen Erfahrung. Die Integrationsneigung amerikanischer Einwanderer ist allseits bekannt, und die Idee des amerikanischen »Schmelztiegels« wird oft gepriesen. Genauso wichtig, aber weniger bekannt ist die Tendenz der nationalen Minderheiten Amerikas, sich der Integration zu widersetzen. Zu diesen nationalen Minderheiten gehören die amerikanischen Indianer, die Eskimos Alaskas, die Puertoricaner, die Nachfahren von Mexikanern (Chicanos), die im Südwesten lebten, als Texas, Neumexiko und Kalifornien nach dem Krieg gegen Mexiko 1846–1848 von den Vereinigten Staaten annektiert wurden, die ursprünglichen Hawaianer, die Chamoros von Guam und die Bewohner verschiedener Pazifikinseln. Alle diese Gruppen wurden den usa durch Eroberung, Kolonisierung oder Gebietsabtretung der Imperialmächte unfreiwillig eingegliedert. Die meisten erhielten zum Zeitpunkt ihrer Eingliede-

rung einen politischen Sonderstatus. Die Indianerstämme z.B. wurden als »abhängige Nationen des Inlands« mit eigener Regierung, eigenen Gerichten und vertragsrechtlichen Kompetenzen anerkannt. Puerto Rico ist ein »Commonwealth«, Guam »Protektorat«. Jedes dieser Völker ist in die föderative Struktur des amerikanischen Staatsgebildes mit Sonderbefugnissen der Selbstverwaltung eingebunden. Diese Gruppen haben zudem spezielle Rechte, was die Sprache und die Landnutzung angeht. Kurz gesagt, die nationalen Minderheiten in den Vereinigten Staaten haben eine Reihe von Gruppenrechten, die ihren Status als eigenständige Kulturgemeinschaften wiedergeben und schützen sollen, und sie haben dafür gekämpft, diese Rechte zu behalten und zu erweitern. Siehe dazu Sharon O'Brien, »Cultural Rights in the United States. A Conflict of Values«, in: *Law and Inequality Journal*, Band 5, 1987, S. 267–358; Judith Resnik, »Dependent Sovereigns. Indian Tribes, States, and the Federal Courts«, in: *University of Chicago Law Review*, Band 56, 1989, S. 671–759; Alexander Aleinikoff, »Puerto Rico and the Constitution. Conundrums and Prospects«, in: *Constitutional Commentary*, Band 11, 1994, S. 15–43. Es heißt oft, die amerikanische Verfassung erkenne nur individuelle Rechte an. Das ist nicht richtig – nationale Minderheiten in den USA haben bedeutende Gruppenrechte. Tatsache ist allerdings, daß die amerikanische Regierung bei der Integration ihrer nationalen Minderheiten in eine gemeinsame Kultur nicht erkennbar besser abgeschnitten hat als andere westliche Demokratien. Die meisten dieser nationalen Minderheiten in den USA sind natürlich verhältnismäßig klein und geographisch isoliert. Zusammen machen sie nicht mehr als einen Bruchteil der amerikanischen Gesamtbevölkerung aus. Infolgedessen sind diese Gruppen für die Ich-Identität der Amerikaner unbedeutend gewesen. Von amerikanischen Politikern und Theoretikern wird die bloße Existenz nationaler Minderheiten und ihrer Selbstverwaltungsrechte sogar oft heruntergespielt. Sie existieren aber und folgen den gleichen Grundmustern der Selbstbehauptung wie nationale Minderheiten überall auf der Welt. Der Unterschied zwischen Einwanderern und nationalen Minderheiten läßt sich anhand der Kategorie der »Hispanics« in den USA gut verdeutlichen. Manche Amerikaner behaupten, die spanischsprachigen Einwanderer seien nicht daran interessiert, Englisch zu lernen oder sich in die englischsprachige Gesellschaft zu integrieren. Das ist eine Fehlwahrnehmung, die deshalb zustande kommt, weil die »Hispanics« wie eine einzige Kategorie behandelt und daher die Forderungen spanischsprachiger nationaler Minderheiten (Puertoricaner und Chicanos) mit denen von spanischsprachigen Einwanderern, die neu aus Lateinamerika zugewandert sind, verwechselt werden. Wenn wir uns aber die spanischsprachigen Einwanderer anschauen, die mit der Absicht in die USA kommen, dauerhaft zu bleiben und Staatsbürger zu werden, sprechen alle Anzeichen dafür, daß sie gewillt sind, Englisch zu lernen und an der regulären Gesellschaft zu partizipieren, wie beliebige andere Einwanderer. Und bei lateinamerikanischen Einwanderern »erfolgt die Angleichung an die englischsprachige Gruppe mittlerweile schneller als noch vor hundert Jahren«. Siehe dazu Rodolpho de la Garza und A. Trujillo, »Latinos and the Official English Debate in the United States«, in: D. Schneiderman (Hg.), *Language and the State. The Law and Politics of Identity*, Cowansville 1911, S. 215. Das trifft offenkundig nicht auf diejenigen Zuwanderer zu, die keinerlei Erwartung hegen, dauerhaft zu bleiben, z.B. die kubanischen Flüchtlinge in den 60er Jahren und illegale mexikanische Wanderarbeiter heute.

17 Dieser Zusammenhang wird von anderer Seite, nämlich durch Forschungen zum Nationalismus, bestätigt. Die meisten Analysen des Nationalismus sind zu dem Schluß gekommen, daß sich Nationen dadurch auszeichnen, daß sie »allgegenwärtige Kulturen«, »umfassende Kulturen« oder »organisierende Kulturen« sind. So z.B. Anthony Smith, *The Ethnic Origins of Nations*, Oxford 1986, S. 2; Avishai Margalit und Joseph Raz, »National Self-Determination«, in: *Journal of Philosophy* 87/9, 1990, S. 444; Yael Tamir, *Liberal Nationalism*, Princeton 1993. Kurz gesagt, so wie gesellschaftliche Kulturen fast ausnahmslos Nationalkulturen sind, sind Nationen nahezu ausnahmslos gesellschaftliche Kulturen.

18 *Multicultural Citizenship*, Kapitel 5.

19 Ronald Dworkin, *A Matter of Principle*, Cambridge/Mass. 1985, S. 231.

20 Ebenda, S. 228.

21 Ebenda, S. 228, S. 231.

22 Tamir, *Liberal Nationalism*; Margalit/Raz, »National Self-Determination«, S. 449; Taylor, »Die Politik der Anerkennung«, in: Charles Taylor, *Multikulturalismus und die Politik der Anerkennung*; Miller, *On Nationality*, Oxford 1995.

23 Zitate zur Stützung dieser These finden sich in *Multicultural Citizenship*, Kapitel 5.

24 Rawls, *Political Liberalism*, Columbia University Press 1993, S. 277.

Wenn die nationale Existenz nicht gefährdet sein sollte, wird natürlich einer größeren Mobilität der Vorzug gegeben, da die Möglichkeit, in andere Kulturen zu gehen und dort zu arbeiten, unter Umständen für manchen eine wertvolle Option ist.

25 Tamir, *Liberal Nationalism*, S. 139.
26 Stéphane Dion,»Le Nationalisme dans la Convergence Culturelle«, in: R. Hudon und R. Pelletier (Hg.), *L'Engagement Intellectuel. Melanges en l'honneur de Léon Dion*, Sainte-Foy 1991, S. 301; Dion,»Explaining Quebec Nationalism«, in: R. Kent Weaver (Hg.), *The Collapse of Canada?*, Washington, S. 99. Wie Dion anmerkt, betrifft der einzig bemerkenswerte Unterschied die Offenheit für Einwanderung, ein Unterschied, der im Licht der Ängste als französischsprachige Minderheit verständlich ist.
27 W. Peterson,»On the Subnations of Europe«, in: N. Glazer und D. Moynihan (Hg.), *Ethnicity. Theory and Experience*, Cambridge 1975, S. 208.
28 Alistair Hennessy,»The renaissance of federal ideas in contemporary Spain«, in: Murray Forsyth (Hg.), *Federalism and Nationalism*, Leicester 1989, S. 11–23.
29 Ignatieff, *Blood and Belonging*, S. 21; Dion,»Le Nationalisme«.
30 Ernest Barker, *National Character and the Factors in its Formation*, London 1948, S. 248.
31 Wie Anthony Birch schreibt,»gibt es keinerlei Beweise dafür, daß sich die öffentlichen Loyalitäten gegenüber nationalen Regierungen auf supranationale Organisationen übertragen lassen«. Birch, *Nationalism and National Integration*, London 1989. S. 224.
32 Minderheiten sind sich dieser Bindung an ihre nationale Identität allerdings in höherem Maße bewußt, weil aufgrund der Verletzlichkeit ihrer Identität oftmals große Anstrengungen nötig sind, um sie zu schützen. Mehrheiten, deren Kulturen diese Verletzlichkeit fehlt, können ihre nationale Identität selbstverständlicher nehmen. Wird diese gefährdet, so sind sie ebensosehr zu ihrer Verteidigung bereit wie Minderheiten. George Bernard Shaw hat das einmal so formuliert:»Eine gesunde Nation ist sich ihrer Nationalität ebensowenig bewußt, wie sich ein gesunder Mann seiner Knochen bewußt ist. Wenn man aber der Nationalität einer Nation einen Bruch beibringt, wird diese an nichts anderes denken, als ihn wieder gerichtet zu bekommen.«
33 *Multicultural Citizenship*, Kapitel 8.
34 Tamir, *Liberal Nationalism*, S 90.

Multikulturelle Staatsbürgerschaft

1 Siehe zum Beispiel Neil Bissoondath, *Selling Illusions. The Cult of Multiculturalism in Canada*, Toronto 1994. Ähnliche Bedenken über den Multikulturalismus in den Vereinigten Staaten finden sich bei Arthur Schlesinger, *The Disuniting of America*, New York 1992.

2 Zu den entsprechenden Zahlen siehe Jeffrey Reitz und Raymond Breton, *The Illusion of Difference. Realities of Ethnicity in Canada and the United States*, Ottawa 1994; und Peter Schuck, »Alien Ruminations«, in: *Yale Law Review*, Band 105, 1996. Beide Publikationen fassen die Ergebnisse aus mehreren neueren Studien über die Integration von Einwanderern zusammen.

3 Wenn ich von der »Integration« von Einwanderergruppen spreche, ist immer die Rede von Integration in diesem speziellen soziokulturellen Sinn: nämlich dem Umfang, in dem sich Einwanderer und ihre Nachkommen in eine existierende gesellschaftliche Kultur integrieren und in dem sie zu der Auffassung gelangen, daß ihre Lebenschancen damit verbunden sind, ob sie an einer Reihe gesellschaftlicher Institutionen partizipieren, die auf einer gemeinsamen Sprache basieren und die diese gesellschaftliche Kultur definieren.

4 E. Weber, *Peasants into Frenchman. The Modernization of Rural France 1870–1914*, London 1976.

5 Siehe *Multicultural Citizenship*, Oxford u. New York 1995, darin besonders Kapitel 2 über individuelle und kollektive Rechte sowie Kapitel 8 über die Grenzen der Toleranz.

6 Insoweit der Multikulturalismus bestimmte »Gruppenrechte« beinhaltet, muß zwischen zwei Arten von Gruppenrechten unterschieden werden. Ein liberaler Staat kann durchaus akzeptieren, daß eine Gruppe gewisse Rechte gegen die größere Gesellschaft geltend macht, Rechte, die es den Angehörigen der Gruppe erleichtern, ihre Identität in der Gesamtgesellschaft zu bejahen und auszudrücken. Aber er kann nicht akzeptieren, daß eine Gruppe Rechte gegen ihre eigenen Mitglieder geltend macht, und zwar solche Rechte, die die Freiheit einzelner Mitglieder im Namen der »Tradition« oder der »kulturellen Unverfälschtheit« einschränken. Siehe *Multicultural Citizenship*, Kapitel 2.

7 Siehe Barbara Burnaby, »Official language training for adult immigrants in Canada: features and issues«, in: B. Burnaby/A. Cumming (Hg.), *Socio-Political Aspects of ESL*, OISE, Toronto 1992. Siehe auch die Artikel von Giltrow und Colhoun (über Maya-Einwanderer) und Klassen (über Latino-Einwanderer) sowie Cumming und Gill (über Ein-

wanderer aus Indien) im selben Band. Sie alle erörtern die Schwierigkeiten, mit denen viele Gruppen von Neuankömmlingen beim
Englischlernen zu kämpfen haben. Damit zusammenhängende Fragen diskutieren J. S. Frideres, ›Visible minority groups and second-
language programs: language adaptation«, in: *International Journal of
the Sociology of Language*, 1989, Band 80, S. 83–98; und E. Murialdo,
»On the road to multiculturalism: a report on first language literacy«,
unveröffentlichter Bericht für den Secretary of State, 1989.

8 Siehe dazu beispielsweise David Corson, »Towards a Comprehensive
Language Policy. The Language of School as a Second Languages«, in:
Education Canada, Sommer 1995, S. 48–60.

9 Ein ähnlicher Fall sind die konzeptuell auf Schwarze zugeschnittenen
Schulen, die in Toronto geschaffen wurden, um die erschreckend hohen Zahlen von schwarzen Schulabbrechern an rassisch integrierten
öffentlichen Schulen zu verringern. Hierbei handelt es sich um einen
komplizierten Fall, weil die Theorie der Schwerpunktschulen für
Schwarze in den USA entstand, wo die Schwarzen keine Einwanderergruppe, sondern Nachfahren von Sklaven sind und wo die Vorstellungen eines schwarzen Nationalismus ernst genommen werden. Die Vorzüge der Integration werden in der afro-amerikanischen Gemeinde
heftig diskutiert, und die amerikanische Debatte über Schwerpunktschulen für Schwarze (»afrozentrische« Schulen) muß in diesem Kontext gesehen werden. In Kanada, wo die meisten Schwarzen neuere
Zuwanderer sind, stellt sich die Situation gänzlich anders dar. Zu einer
detaillierten Auseinandersetzung mit den Schwerpunktschulen für
Schwarze und wie sie mit den Rassenfragen in Kanada und in den USA
zusammenhängen, siehe meine Darstellung für die kanadische Regierung, Department of Canadian Heritage, November 1995.

10 Siehe dazu die interessante Diskussion in John Harles, *Politics in
the Lifeboat. Immigrants and the American Democratic Order*, Boulder
1993.

Der amerikanische Multikulturalismus
in der internationalen Arena

1 Hollinger, *Postethnic America. Beyond Multiculturalism*, New York 1995.

2 In einem neueren Artikel hat David Bromwich angedeutet, Charles
Taylors Aufsatz »Die Politik der Anerkennung« sei »in mancher Hin-

sicht eine kanadische Moralpredigt für die Amerikaner«. (David Bromwich, »Culturalism: The Euthanasia of Liberalism«, in: *Dissent*, Winter 1995, S. 96) Ich halte das für ein Mißverständnis. Taylors Lektion sollte als Moralpredigt für (amerikanisierte) Anglokanadier verstanden werden, denn seine These ist eigentlich nicht, daß ein Liberalismus amerikanischen Stils für die Vereinigten Staaten falsch ist, sondern für Länder wie Kanada, in denen es einen Nationalismus der Minderheiten gibt.

Lizenzausgabe für die Büchergilde Gutenberg,
Frankfurt am Main und Wien,
mit freundlicher Genehmigung
der Europäischen Verlagsanstalt / Rotbuch Verlag, Hamburg
© der deutschsprachigen Ausgabe
Europäische Verlagsanstalt / Rotbuch Verlag, Hamburg 1999
Herausgeber: Otto Kallscheuer
Originaltitel: »States, Nations and Cultures«
Erschienen als Spinoza Lectures 1 und 2
bei Van Gorcum & Comp., Assen 1997
© Will Kymlicka
Für das Vorwort von Micha Brumlik
© Büchergilde Gutenberg, Frankfurt am Main 2000
Alle Rechte vorbehalten
Reihengestaltung: Klaus Detjen, Holm
Herstellung: Thomas Pradel, Frankfurt am Main
Umschlagfoto: © 2000 Bernard Clark
Satz: Dörlemann Satz, Lemförde
Druck und Bindung: Franz Spiegel Buch GmbH, Ulm
Printed in Germany 2000 · ISBN 3 7632 5058 1